ITINÉRAIRE

OU

PASSE-TEMPS

DE LYON A MACON.

ITINÉRAIRE

ou

PASSE-TEMPS

DE LYON A MACON,

PAR LA DILIGENCE D'EAU.

LYON,

DE L'IMPRIMERIE DE J.-L. MAILLET,
rue du Palais-Grillet, n.° 5;

Et chez les principaux Libraires.

1812.

AVIS
DES ÉDITEURS.

PRESQUE toutes les principales routes de la France,
comme celles des pays étrangers, ont aujourd'hui leur
Itinéraire, et beaucoup, sans
doute, sont loin de présenter
l'intérêt et l'agrément de celui
de Lyon à Mâcon.

Une chose bien remarqua-
ble c'est que sur tant d'hommes instruits et savans, sur
tant d'artistes célèbres qui se
sont occupés à écrire des
voyages, à rendre, par la
peinture ou par la gravure,

les sites les plus bizarres comme les plus gracieux , il n'en
est aucun qui se soit occupé
de la route la plus fréquentée,
du voyage le plus pittoresque
et du pays le plus riche et le
plus délicieux.

L'Itinéraire que nous of-
frons aujourd'hui , suppléera
momentanément à la lacune
qui existe dans ce genre d'ouvrages. Nous n'oserons pas
sûrement le nommer ainsi ,
mais nous le donnerons comme une pierre d'attente , comme un éveil aux artistes et
aux écrivains, qui aiment à

consacrer leur plume ou leurs pinceaux à la description des lieux les plus enchanteurs.

Personne n'ignore les charmes des rives heureuses de la Saône ; mais beaucoup de gens ne savent point que ces bords fortunés fourmillent de souvenirs précieux à l'histoire, et de monumens antiques ou dignes de ceux que l'antiquité rend les plus recommandables.

L'auteur de l'Itinéraire de Lyon à Mâcon a tâché dans ses notes, à prouver cette vérité, en retraçant à la mémoire et mettant sous les yeux du voyageur, les uns et les autres.

Nous nous estimerons heureux *s'il* a atteint son but, et si nous pouvons nous dire à nous-mêmes qu'en mettant au jour ce petit Opuscule, nous avons fait quelque chose d'utile au public, aux voyageurs, et d'agréable à nos concitoyens.

———————

ITINÉRAIRE

ITINÉRAIRE

ou

PASSE-TEMS

DE LYON A MACON,

PAR LA DILIGENCE D'EAU.

J'AVAIS passé l'hiver à parcourir toutes ces belles provinces du midi, elles avaient successivement et pendant toute la saison rigoureuse occupé mon temps , et m'avaient fait passer continuellement d'un plaisir à un autre , de la surprise à l'étonnement , et de l'étonnement à l'admiration ; enfin , après le voyage le plus agréable et le

A

plus intéressant, j'arrivai à Lyon, le 15 mai, à l'époque où la nature semble prendre une nouvelle vie , et où tous les pays se ressentent de la douce influence de cet aimable printemps qui, comme celui de nos jours, ne dure qu'un instant , et laisse toujours après lui des regrets.

Entrée de Lyon.

L'entrée de Lyon par la route du Languedoc est vraiment imposante. Le faubourg de la Guillo-

Faubourg de la Guillotière.

tière est aussi grand, aussi vivant, aussi peuplé qu'une multitude de villes dont on parle bien davantage , et qui le méritent bien moins ;

Pont de la Guillotière.

le pont qui porte ce nom et par où l'on entre dans la ville , est le seul pont en pierre avec celui du Saint-Esprit qui existe sur le Rhône , et quoique moins surprenant que le premier , il ne laisse pas de mériter l'attention. Lyon se présente par cette avenue d'une manière admirable ; le fleuve , les quais , les édifices, les hôpitaux semblent placés tout exprès pour arrêter et fixer les regards du voyageur.

Les coteaux de Sainte-Foy , de Fourvières et de la Croix-Rousse, paraissent s'élever comme par enchantement au dessus de la ville , et forment v . tableau d'ensemble qu'on ne se lasse point d'admirer. J'ai resté trois jours seulement dans cette ville, que trois mois suffiraient à peine pour parcourir avec fruit ; et pendant tout ce temps , je n'ai pas été une minute assis; les temples , les monumens

Coteaux de Ste-Foy, Fourvières, la Croix-Rousse

publics, les antiquités, les spectacles, les manufactures, toutes les machines curieuses qu'elles emploient ont rempli mes momens, et j'étais à celui où il fallait partir que je croyais n'être encore qu'à celui où je venais d'arriver.

Quoique je n'aie pas eu le temps de voir Lyon à mon aise, et de le visiter en détail, j'ai été cependant à portée de juger qu'il est intérieurement mal bâti, mal propre et mal sain. Le dedans de la ville contraste d'une manière frappante et fâcheuse avec les beaux édifices qui bordent le Rhône, et avec les maisons de campagnes et les différens paysages que l'on trouve sur les rives de la Saône.

Le caractère, les habitudes, le

Intérieur de Lyon.

Extérieur de Lyon.

Caractère

langage même des Lyonnais m'ont paru aussi avoir des formes, un genre, une tournure, qui leur sont toutes particulières ; je n'ai pas trouvé chez eux cette jovialité, cet esprit naturel, cette gaîté, cette franchise, cette vivacité provençale et languedocienne qui m'ont charmé tout le temps que j'ai voyagé dans ces délicieuses provinces ; les Lyonnais sont en général sombres, taciturnes, tristes et froids.

Quoi qu'il en soit, je n'ai point à me plaindre de leur ville, j'y ai bien employé et passé agréablement mon temps. Si les objets d'art ou de curiosité qu'elle renferme peuvent et doivent arrêter l'étranger, j'assurerai que le beau

A.

sexe doit l'attirer et le retenir même mieux que partout ailleurs. Les femmes y sont belles et galantes, les demoiselles élevées avec soin et décence, et les enfans jolis et charmans. Dans le peuple le sang est très-beau ; il y a de la fraicheur, de belles carnations, des cheveux superbes, et de part et d'autre une aptitude, un attrait pour le plaisir que la démarche, le regard et le ton décèlent également.

Les Lyonnaises m'ont bientôt fait oublier les Languedociennes et les Provençales ; on pourrait dire d'elles, que les premières appellent le plaisir et que les dernières le donnent.

J'aurais encore volontiers passé

Caractère et qualités des Lyonnaises.

quelques jours à Lyon, mais il
fallait partir. J'étais attendu ; je
pris donc des informations pour
savoir de quelle manière je pou-
vais faire route pour Paris , et plus
vite et plus commodément ; on
me désigna la diligence d'eau qui
correspond avec la diligence par
terre que l'on prend à Châlons.

Il y a deux voitures de ce genre :
l'une qui part à cinq heures du
matin, et l'autre à six heures et
demie ; elles correspondent avec la
diligence par terre. Mais faisant
le même trajet, on a le choix ;
elles sont également bonnes toutes
les deux. Les seules différences
qui existent entr'elles , sont dans
l'heure du départ et dans ce que
la première s'arrête pour dîner ,

Diligences
d'eau.

Heures de
leur départ.

et que l'autre ne s'arrête point.

Comme j'aime assez à partir de bonne heure, et à m'arrêter en route, pour manger un morceau, je pris celle de cinq heures et j'arrivai quelques instans avant son départ ; il y avait déjà beaucoup de monde sur le tillac, et je m'aperçus bientôt au langage, à la mise que tout ce monde n'était pas composé de voyageurs comme moi, mais bien de particuliers des environs qui allaient aux diverses maisons de campagne qui sont sur le rivage. Il faisait un temps superbe, et l'on s'entretenait du plaisir qu'il y aurait sur la rivière, et combien il était dommage de n'aller qu'à deux pas. Ces bords de la Saône

sont si jolis disait l'un.... les maisons de campagne sont si multi-
pliées jusqu'à Trévoux , si agréables , disait l'autre. . . . et tout le
pays même si beau jusques à Mâcon , disait un troisième.... Cette
conversation était d'un heureux
présage pour moi , et je me pré-
parais une délicieuse journée , lorsque l'horloge qui est vis-à-vis le
bureau de la diligence sonna cinq
heures ; aussitôt , les clameurs
des patrons , le fouet des conduc-
teurs se font entendre , six chevaux
forts et vigoureux se mettent en
route , tirent la maille ; nous dé-
marrons , et nous voilà partis.
Bientôt grande rumeur dans tout
l'équipage , les diverses barques
qui couvrent la rivière en cet en-

Départ
de
la barque.

droit accrochent le gouvernail, nos avirons, nos cordages, nos mâts; et notre marche est suspendue. Les hommes rient, les femmes ont peur, et moi pendant tout ce tapage et cet embarras, j'observe les lieux.

A droite et à gauche, des maisons noires et mal bâties, des rochers pelés qui les surpassent, et auxquels elles sont adossées se présentent à mes yeux; je demande le nom des rues, des quais : un de mes compagnons et voisin du tillac, homme très-obligeant répond et prévient même mes questions. Monsieur, me dit-il, à droite, en descendant la rivière, c'est le faubourg de Vaise (¹); à gauche celui de Serin (²); dans ce dernier,

Faubourg de Vaise.
Faubourg de Serin.

voilà au devant de vous la place de l'ancien couvent de Sainte-Marie-des-Chaînes (¹) ; célèbre par les tombeaux antiques et précieux qu'il renfermait , et par les belles peintures à fresque dont il était décoré. Au dessus , le grand bâtiment que vous apercevez derrière lequel s'élève un dôme dont la forme est élégante et gracieuse, c'est l'ancien couvent des Chartreux (⁴) ; plus loin, ce long et grand édifice surmonté d'un fronton , est le grenier d'abondance (⁵) ; de l'autre côté vis-à-vis de nous sur ce rocher aride et sec , c'est l'homme de la roche (⁶) , (cette statue de bois ;) à deux pas delà , ce grand roc qui nous menace, est le roc de Pierre-Scise

Ste-Marie-des-Chaînes.

Chartreux.

Grenier d'abondance.

L'Homme de la roche.

Pierre-Scise.

(⁷) ; où était avant la révolution une prison d'état, et que l'on mine et dénature aujourd'hui pour agrandir la route de Paris, qui passe au dessous. . . . Notre barque fut dégagée de ses entraves, les chevaux marchèrent, et nous voguâmes en pleine eau.... nous eûmes dans un instant laissé derrière nous, et l'homme de la roche, et Pierre-Scise, et les coteaux du Grillon (⁸), et la maison Constant (⁹) qui domine bien au loin les deux côtés de la rivière, et que mon compagnon, toujours plus honnête et plus complaisant, m'avait fait remarquer ; par une suite de sa complaisance, il continue à me faire observer, toujours du même côté, c'est-à-dire, dans le

Coteaux du Grillon. Maison Constant.

faubourg de Vaise, la jolie maison de plaisance du sculpteur
Chinard (¹º) ancien couvent de
l'Observance (¹¹) dont on ne voit
que les restes , l'école Vétérinaire (¹²), et ses jardins charmans
qui occupent tout le revers de la
montagne au bas duquel elle est
située.

En avançant nous trouvâmes
une quantité considérable d'ouvriers qui battaient le pilotis dans
l'eau , je m'informai de l'ouvrage
qu'ils faisaient , et j'appris qu'on
construisait un pont de bois à la
place de celui qui, quelques années auparavant , avait été emporté par les glaces ; ce pont s'appelle le pont de Serin (¹³) , à cause
du faubourg auquel il aboutit,

Maison de Chinard.

Ecole Vétérinaire.

Pont de Serin.

2

Lorsque nous eûmes passé les ouvriers, nous nous trouvâmes plus
au large, et totalement débarrassés
de tous les obstacles dont la Saône
est remplie depuis le port des diligences jusques à la sortie du faubourg.

Arrivés à ce point, nous décou-
vrîmes sur l'une et l'autre rive,
une multitude de belles maisons,
la campagne la plus riante, et les
plus jolis paysages. Rien ne peut
se comparer aux charmes que nous
offraient ces fortunés rivages.

J'ai parcouru les bords magnifiques de la Loire jusques à Nan-
tes; ceux de la Garonne depuis
Bordeaux jusques à Toulouse;
ceux du Rhône, depuis Genève
jusques à la mer; ceux du Loiret,

du Lignon , de l'Allier , de l'Hé-
rault , rien en France , pas même
les bords de la Seine, ne peut égaler cette nature simple , fraîche ,
séduisante , qui distingue ceux de
la Saône. On marche pendant plus
de deux lieues , entre des coteaux
enchanteurs cultivés jusques à la
cime , et tapissés d'habitations
charmantes.

En sortant de la ville, à droite,
la maison Deschamps (¹⁴), qui   Maison
n'est séparée de la rivière que par Deschamps.
le grand chemin.

A gauche, la grande et petite   Grande
Claire (¹⁵); au dessus et à mi-co-   et
teau , le château de la Duchère   petite Claire.
(¹⁶), se font remarquer par la   La Duchère.
beauté de leurs bois , de leurs
eaux , et de leurs jardins, et de

leurs situations ; plus loin se découvre la Jolivette ([17]) , petit bâtiment à l'italienne , très-élégam-
ment construit entre deux terrasses couvertes de superbes tilleuls,
et au pied desquelles coule tran-
quillement et semble s'arrêter avec
plaisir la rivière.

La Tour de la belle Allemande
([18]) , s'élève au dessus de la Jolivette du milieu des prairies et des
bois touffus dont elle est entourée.

Un peu plus bas , on aperçoit
sur la hauteur les folies Pitrat([19]),
maison du meilleur goût et de la
plus belle ordonnance. Devant
elle sont une succession de terrasses qui conduisent parmi des
fleurs et des ruisseaux argentés ,

La Jolivette.

Tour
de la belle
Allemande.

Maison
Merlino ,
ou
Folies Pitrat.

et de seaux jaillissantes jusques aux bords de la Saône. Derrière, des vergers, des bosquets charmans et artistement espacés font parcourir agréablement jusques au sommet, la colline sur laquelle ils sont placés.

Vis-à-vis ces maisons, et sur l'autre rive, on arrête volontiers ses regards sur le beau site de la Dargoire ([10]), sur les bocages champêtres de Roche-Cardon ([11]). Sur les bâtimens réguliers et les jardins anglais de la Sauvagère ([12]) et de la Mignonne ([13]); enfin, sur les villages de Cuires et de Saint-Rambert, et sur l'île-Barbe ([14]), placée entre deux.

Ce premier bassin est fait pour

Dargoire.
Roche-Cardon.
Sauvagère.
Mignonne.
Ile-Barbe.

séduire et pour enchanter. Il y a une diversité, une grace, un mouvement, une magie inconcevable dans toutes les parties de cet ensemble. Je doute qu'aucun peintre puisse en détail ou en masse rendre un tableau de ce genre, il n'appartient qu'à la main seule de l'architecte de l'univers d'en tracer et faire un semblable.

Pendant le trajet de Lyon à l'Île-Barbe, vis-à-vis laquelle nous nous trouvions, je ne cessai d'importuner mon bénévole compagnon, et de le questionner sur tout ce que je voyais et qui me frappait le plus, et il eut toujours l'extrême complaisance de me donner des renseignemens que j'ai cru utiles de conserver et dont j'ai composé une partie des notes qui suivent cet Itinéraire , et auquel elles seules peuvent donner quelqu'intérêt.

Arrivés à l'Ile, premier port où s'arrête la Diligence , cet aimable compagnon nous quitta à mon grand regret ; mais il me recommanda à un des voyageurs qui restaient avec nous jusques à Trévoux, et j'eus lieu de m'applaudir de cette recommandation. La situation de l'ile-Barbe est une des plus pittoresques et des plus romantiques ; les villages , les maisons de plaisance dont elle est environnée , ceux qui se trouvent à peu de distance ou sur la rive ou sur les coteaux , le Mont-Cindre et son hermitage (²⁵) , la superbe maison Régny (²⁶), offrent

Mont-Cindre
Maison
Régny

un tableau d'un autre genre dont
la facture est plus large, la
scène plus vaste et le cadre plus
riche. Tous ces villages, tous
ces hameaux, toutes ces maisons
sont ombragées par des arbres de
toute espèce placés sur le penchant des coteaux où la vigne
est cultivée avec le plus grand
art et le plus grand soin ; de toutes parts, on voit tomber du haut
de ces collines, jusque dans le
lit de la rivière, des cascades
d'une eau fraîche et limpide, et
les ruisseaux qui couvrent ces délicieuses monticules, viennent en
terminant leur course, mêler leurs
ondes claires et tranquilles aux
flots argentés et plus rapides de la
Saône.

Ici la Saône fait un grand cir-
cuit , après lequel on découvre un
nouveau paysage ; les deux rives
sont plus rapprochées , et le pied
des coteaux , vient presque mou-
rir à la rivière. Les moulins d'Hy- Moulins
lan (¹⁷) , se trouvent sur la gau- d'Hylan.
che. A la droite , le petit château
de Roye (¹⁸) , que le cardinal Château
de Richelieu fit bâtir pour son de Roye.
frère archevêque de Lyon. Une
manufacture d'indienne (¹⁹) , pla- Indien_nerie
cée au milieu de la colline, sur le de
sol le plus ingrat, mais qu'un pro- Fontaines.
priétaire intelligent et habile a peuplé et fertilisé , précède le joli
village de Fontaines (²⁰) , (second Fontaines.
port.)

Fontaines est divisé en plusieurs
hameaux qui couvrent entièrement

le coteau sur lequel il est situé ;
chaque groupe de maisons est
environné de sources, de vergers,
de jardins, dont l'ensemble forme
un amphithéâtre gradué de la manière la plus agréable et la plus
flatteuse à la vue.

En face est le hameau de la Pelonnière (¹¹), où l'on voit la Fréta (¹²), maison très-agréable qui
appartenait à M. Peivre, intendant des îles de Bourbon ; j'étais
occupé de l'examiner et d'en admirer la position, lorsque j'aperçus beaucoup de mouvement sur
la Diligence. Les gens qui étaient
à côté de moi, sur le tillac, se
levaient debout, et se tournaient
vers la Fréta, ceux qui étaient
dans l'intérieur montaient sur le

Pelonière.
Freta.

tillac, et tous avaient un air d'é-
tonnement , et même d'admiration ; j'en connus bientôt le sujet;
une maison qu'on apercevait au
bord de la rivière , causait tout ce
remue-ménage. Elle appartient à
M. Guillot (¹¹), maire de Colon-
ges. Elle fait dans un clin-d'œil
embrasser au passant tout ce que
pourait offrir,après deux heures de
promenade , le jardin à l'anglaise
le plus vaste et le plus décoré de
Paris , ou de ses environs. Une
jolie maison de maître , une longue galerie sur laquelle on lit
très-distinctement de la Diligence:
Cabinet d'histoire naturelle ; des
allées , des boulingrins , des statues , le simulacre de l'arc de Cons-
tantin , des kiosques , des tours ,

Maison
Guillot.

des chaumières , des chapelles ,
enfin un hermitage à la cime d'un
rocher , et au bas duquel on lit
écrit en grosses lettres d'or : *hermi-*
tage du Mont-Cindre ; tant de merveilles et tant de beautés devaient
nécessairement exciter la curiosité de tout l'équipage, pour la plus
grande partie composé de gens
simples de la campagne , ou de
personnes qui ne demandent pas
mieux que d'avoir un motif de
questionner et de parler. Cette maison nous fit un grand bien. Depuis
notre départ de Lyon , il y avait
eu une grande monotonie dans notre voyage. C'est assez le propre
de tous ceux qu'on fait sur l'eau.
La curiosité réveilla tout le monde,
mit un peu de gaîté parmi les

voyageurs , et me procura l'occasion de m'entretenir jusques à Riottier avec une dame très - aimable
de Villefranche , à qui je dus
plaisir et instruction pendant le
court trajet que j'eus le bonheur
de faire avec elle. Mad. L★★★é ,
dont je parle est une jeune et jolie
femme qui réunit à tous les agrémens de la personne , toutes les
graces de l'esprit, Elle revenait
de Lyon dont elle me sembla fort
satisfaite ; mais deux mots que je
dis sur Paris , me méritèrent son
attention , et quelques questions
sur cette ville qu'elle désirait ar-
demment de connaître. Je tâchai
de lui repondre de manière à ne
pas lui en ôter l'envie , et chemin
faisant , je lui demandai à mou

6

tour quelques informations sur les rivages que nous parcourions ensemble. Elle me fit remarquer Rochetaillée ([14]), Couzon, villages situés sur les deux rives opposées. Le premier est le site le plus bizarre et le plus pittoresque ; les arbres, les maisons semblent sortir du milieu des rochers, et du centre de ce hameau s'élève une tour ou espèce de château-fort, qui annonce l'ancienne demeure de quelque seigneur suzerain. Mad. L***é m'apprit que cet endroit devait son nom à Agrippa qui avait fait tailler ce rocher pour y faire passer une des quatre voies romaines que ce prince fit construire pendant son séjour à Lyon. Ensuite elle me fit tourner

les yeux sur Couzon (¹⁵) , village
perdu dans les pierres , comme
Rochetaillée l'est dans les rochers. La multitude de carrières ,
les tas de pierres qui couvrent cette
partie du rivage , le rendent d'une
aridité qui fait un contraste frap-
pant avec la fraîcheur et la fertilité qui règnent dans tout ce qui
l'entoure. Mais Couzon, est un
point dans la ligne , et en deçà
comme en delà , la campagne est
si peuplée , si riante , si variée ,
que cette petite ombre au tableau
ne le rend que plus piquant. Je ne
me lassais point de l'admirer; depuis mon départ , je n'avais pas
trouvé un instant à pouvoir quitter ma place sans craindre de per-
dre l'occasion de voir un objet plus

Couzon.

curieux , plus agréable que celui
que je laissais ; j'étais bien plus
attaché encore à cette place depuis
que j'avais une aimable voisine.
Aussi malgré la chaleur que j'é-
prouvais sur le tillac , je n'eus
garde de l'abandonner , et je continuai mes observations avec Mad.
L. * * *é. Voyez, me dit-elle, l'ho-
rizon qui se découvre devant nous.
Le voilà qui s'étend à mesure que
nous avançons. Vous apercevez
dans le lointain la petite ville de
Neuville-l'Archevêque ([16]) , à
gauche les villages d'Albigny , de
Saint - Germain, Curis qui font
partie du Mont-d'Or ([17]); nous
parcourons depuis Lyon , ajouta-
t-elle , un pays qui fut autrefois
occupé par les légions romaines ,

Neuville-
l'Archevêque

Mont-d'Or.

et par les généraux d'Auguste,
dont la plus grande partie ont
laissé leurs noms aux lieux qu'ils
ont habités ; Albigny dérive d'*Al-
binus*, Curis de *Curius*; il en est
ainsi d'une foule d'autres que nous
avons trouvés et que nous trouve-
rons sur notre route. Nous che-
minions en causant ainsi.... en
faisant un cours de géographie et
d'histoire, lorsque nous nous trouvâmes devant Neuville qui est le
troisième port où nous prîmes
terre pour jeter et prendre des
passagers, ainsi que pour changer de chevaux. Pendant notre
courte station, j'aperçus sur le
côté de la ville, un petit château
entouré d'arbres de haute-futaie.
C'est, me dit Mad. L***é, l'an-

Château de Neuville. cien château (18) des Villeroy, gouverneurs de Lyon ; delà dérive le nom de Neuville qu'ils portent encore. Ce château et les propriétés attenantes qui sont considérables , appartiennent aujourd'hui à M. de Boufflers.

Neuville est la première ville que l'on rencontre depuis Lyon , et c'est-elle qui sépare le département du Rhône du département de l'Ain , qui comprend dans cette partie l'ancienne principauté de **Principauté de Dombes.** Dombes (19) , que l'on cotoie presque jusques à Mâcon.

C'est aussi vis-à-vis de Neuville que commencent ces excellens et **Beaujolais.** beaux vignobles du Beaujolais(20) dont plusieurs cantons le disputent en excellence et en finesse aux

meilleurs vins de Bourgogne , et
à plusieurs autres espèces très-
estimées. Le Beaujolais est un
pays très-riche ; il est peuplé de
petites villes , de châteaux magnifiques , et d'habitations bourgeoi-
ses très - agréables. J'apprenais
tout cela de Mad. L***é qui ne
me laissait aucune demande, aucune observation à faire , et qui
pouvait mieux que personne me
parler d'un pays qu'elle connais-
sait parfaitement , puisqu'il était
le sien , et qu'elle le parcourait
souvent pour son plaisir ou pour
ses affaires. Les chevaux changés,
les passagers laissés et pris , nous
quittâmes Neuville , et nous voguâmes à pleines voiles. Au milieu de la rivière qui fait plusieurs

Trévoux. contours jusques à Trévoux ([41]), que nous aperçumes de très-loin; dans l'intervalle, nous signalâmes les jolis vallons de Genay, les Parcieu coteaux charmans de Parcieu ([42]), et de Reilleux, de Balmont ([43]), et Balmont. les châteaux de ce nom qui dominent sur les plaines les plus fertiles et sur le pays le plus riche et le plus orné. Ensuite s'offrirent à nos yeux plusieurs maisons de campagne dont les sites sont admirables, et qui avoisinent Trévoux. Nous y arrivâmes presqu'aussitôt, et la diligence s'arrêta pour les mêmes causes que dans les ports précédens. L'arrivée de celui-ci étant difficile, tant à cause de la rapidité du courant, que par les dégradations du che-

min de hallage , j'eus le loisir de
considérer tout à mon aise , la position de cette petite ville.

Je rendrais difficilement l'effet
que produisent sur le penchant de
cette colline , les belles maisons
dont elle est peuplée. Les différentes allées et jardins par lesquels
elles sont coupées , les ruines
des fortifications (44) , qui s'élè- Fortifications
de Trévoux.
vent au dessus de la ville , et les
vignobles dont elle est encadrée ;
la rivière qui passe sous ces murs
y forme un canal dont le lit semble avoir été creusé tout exprès ;
et la partie du Beaujolais qu'on
aperçoit vis-à-vis , donne une idée
de la fécondité et de la richesse
de ces contrées ; comme j'étais
tout occupé de la magnificence de

ce tableau , Mad. L***é, me fit apercevoir dans l'éloignement et sur l'autre rive, la petite ville d'Anse (⁴⁵), si fameuse par la délicatesse de ses vins, par sa situation, la beauté et bonté du sol au milieu duquel elle est bâtie ; ce qui a donné lieu à ce proverbe si connu :

Anse.

« De Villefranche à Anse ,
» La plus belle lieue de France. »

Le proverbe aussi vrai que flatteur n'était point fait pour être oublié par Mad. L***é qui plus que personne était bien pénétrée de celui,

A tous les cœurs bien nés, que la patrie est chère.

Villefranche.

Villefranche (⁴⁶), était la sienne, et à ses yeux comme à ceux

de toutes les personnes qui sont en
état de bien juger, rien n'est plus
gracieux, rien n'est plus riche que
ses environs. La diligence, aprés
avoir quitté Trévoux, ne demeura
pas long-temps pour arriver à Riot-
tier (47), qui est le port où nous   Riottier.
devait laisser Mad. L***é, pour
se rendre chez elle ; nous nous ar-
rêtâmes, les passagers de Villefranche descendirent, traversèront
la Saône dans un petit bateau, et
trouvèront à bord une carriole qui
se rend là tous les jours pour con-
duire et ramener les voyageurs.

Mad. L***é en partant, avait
reçu de moi des remercimens des
momens agréables qu'elle m'avait
fait passer, et des connaissances
qu'elle m'avait données depuis le

premier instant que j'avais eu l'avantage de la rencontrer. Més remercîmens ne firent point naître en elle des regrets, à ce qu'il me parut; mais son départ m'en donna beaucoup, et j'avoue que je sentis, après l'avoir perdue, un vide extrême, sur ce même tillac, où depuis que je la rencontrai, j'avais eu les plus douces jouissances. Il est difficile de rendre l'influence qu'exerce sur nous une jeune aimable et jolie femme, lors même qu'on ne la voit qu'en passant, et qu'on sait d'avance ne pouvoir la posséder qu'un instant.

J'avais eu bien de plaisir à rencontrer Mad. L***é, à m'entretenir avec elle, à l'entendre, à l'écouter ; hé bien ! lorsqu'elle fut

partie , j'aurais désiré ne pas la
trouver sur mon chemin ; tant il
est vrai que l'homme ne sait pas
ce qu'il désire, et que lui qui se
pique de philosophie , n'est pas
assez philosophe , pour jouir du
présent , sans s'inquiéter de l'avenir, et ne sait pas oublier le passé
pour ne s'occuper que du présent;
c'est ce que je fis cependant, et
comme les bords de la Saône n'a-
vaient point encore perdu de leurs
charmes, je continuai à les suivre
de loin , comme je suivais Mad.
L***é , de la pensée.

La diligence partit , et dans
peu de minutes nous transporta à
un autre port où elle ne s'arrêta
qu'un instant ; ce port se nomme
Beauregard (48). On ne pouvait Beauregard

mieux le nommer , car il est dans
la plus belle position possible. Ce
village consiste en quelques maisons bâties à l'entour du rivage ;
nous fîmes deux lieues, après avoir
quitté Beauregard , entre les plaines magnifiques du Beaujolais
qui doivent leurs richesses autant à l'excellence de leur sol qu'à
l'industrie des cultivateurs , et des
coteaux qui n'offrent point le même aspect que ceux que nous
avions eus jusques alors à notre
droite. Ils sont ainsi jusqu'au
Montmer'e. bourg de Montmerle (¹⁹) , où
nous débarquâmes ; nous y arrivâmes à onze heures pour y dîner.
J'attendais le moment avec impa-
tience ; car n'ayant rien mangé depuis Lyon, j'avais le ventre creux.

Tout le rivage , lorsque la diligence aborda , était rempli d'hommes , de femmes , de cuisiniers ,
de servantes, qui toutes voulaient
entraîner les voyageurs à dîner
chez eux ; parmi le nombre , il y
avait deux petites filles bien coif-
fées , bien propres , avec des figu-
res jeunes , fraîches et riantes , et
qui ne disaient rien à personne ,
mais qui semblaient sûres de leur
fait ; elles avaient l'air de penser
qu'avec de telles enseignes , une
auberge ne pouvait pas manquer
d'être bien achalandée : elles ne se
trompaient point ; tous les voyageurs , en sortant de la diligence ,
accouraient , pour leur dire où lo-
gez-vous, petites ? Là , monsieur ,
répondaient - elles , en montrant

leur logis avec un sourire gracieux et malin , qui dépitait tous les autres , et tout le monde d'aller là. On imagine bien que je fis comme tout le monde. Car si j'aime un bon dîner, j'aime aussi les jolies mines, et je puis assurer que si l'on veut trouver l'un et l'autre à Montmerle , il faut aller chez M. Rozet, à l'hôtel des diligences : l'enseigne n'est point trompeuse. Nous eûmes le dîner le mieux ordonné , le meilleur et le plus proprement servi , du vin très-bon, du café parfait, et ce qui vaut bien autant sans contredit, mine d'hôte charmante ; tout cela pour moins d'un écu. Je trouvai le dîner très-court, et j'avoue que si je n'avais pas eu affaire à Mâcon , je me se-

rais arrêté quelque temps à Montmerle , tant je m'y trouvais bien.
Le maudit fouet du conducteur
nous rappelle dans notre cage am-
bulante. On se presse lentement
de s'y rendre ; mais à force de cris,
de bruit , de juremens et de prières, les employés et les patrons
vinrent à bout de rassembler tout
l'équipage ; et nous partîmes , en
jetant un coup-d'œil de regret sur
l'hôtel Rozet où nous avions été
si bien reçus et si bien traités ;
quelques instans après , le mousse
chargé de prévenir les voyageurs,
annonça le port de Belleville (1º). Belleville.
La diligence s'arrêta de nouveau...
Belleville est sur la rive droite de
la Saône , et à vingt minutes de
cette rivière. Comme à Ville-

r.

franche, on y trouve une carriole
sur le rivage pour la commodité
des voyageurs. Le port où l'on
s'arrête est sur le côté opposé ; il
n'y a qu'une seule maison qui sert
d'auberge, et comme nous n'avions
personne sur notre bord qui vou-
lût y descendre, nous passâmes
debout, et cinglâmes vers le port
de Thoissey. Nous signâlames dans
l'intervalle les villages et hameaux
de Guérins, Monceau, Moigne-
neins, Genouilleux, les maisons de MM. Serrazin, Duplantier,
Perex, de la Venerie, Lorria, et nous
arrivâmes en longeant ces jolis coteaux sur lesquels elles sont situées,
au port de Thoissey, dont la ville
est à deux portées de fusil (51).

C'est, m'a-t-on dit, la seule ville

de la principauté de Dombes, qui
soit habitée par des gens riches, et
dont l'éducation annonce une instruction et une naissance un peu
relevée ; on y cultive les lettres et
les arts ; la musique et la danse y
sont dans la plus grande faveur,
et la bonne compagnie qui s'y ras-
semble pendant l'hiver, y joue ha-
bituellement la comédie ; Thoissey, (m'assura un de mes voisins
du tillac, qui y passa les froids derniers) est le petit Paris de la province. Malgré tout ce que put me
dire ce voisin, je ne fus point tenté de m'arrêter, pour aller en juger par moi - même. Nous nous
étions débarassés très - lestement
des passagers qui s'y rendaient,
et nous mîmes à la voile pour

nous rendre à Mâcon , qui est encore à trois lieues de là.

Depuis Thoissey jusques à Mâcon, le paysage n'est plus le même ; les coteaux disparaissent pour faire place à des plaines qui peuvent avoir la même valeur , mais non pas le même charme. Nous avions à droite , les terres qui appartiennent à la Bresse , et qui en font la plus belle partie ; à gauche, le Mâconnais dont les vins ont une réputation bien acquise et bien méritée.

Peu à près avoir quitté Thoissey , on ne trouve plus cette diversité d'objets, cette variété de culture qui embellit ces rivages heureux depuis Lyon. Ici la rivière s'élargit considérablement ; après deux heures de marche , on aperçoit à sa droite , la petite ville de Pontdeveyle (¹²), dont les environs paraissent fertiles et gracieux. Bientôt après , je commençai à voir le pont de Mâcon ; la ville de Mâcon , à gauche , et le faux - bourg de Saint - Laurent , à droite. Nous ne tardâmes point , malgré les basses eaux d'arriver.

Pontdeveyle

Mâcon se présente assez bien du côté de la rivière. Des beaux quais sur lesquels on voit une multitude de belles maisons , une quantité de badauts qui accourent pour voir arriver la diligence , une nuée de marmitons , de servantes d'auberges, de commissionnaires officieux qui se précipitent au devant de

vous; les uns, pour vous emmener
chez eux , les autres pour porter
votre valise ; d'autres, enfin , pour
vous offrir leurs services, donnent
un mouvement au port qui fatigue-
rait bientôt , si on ne se débarras-
sait sur-le-champ de tous ces im-
portuns , en gagnant la première
hôtellerie. J'avais la tête et les bras
cassés des cris et des tiraillemens
d'une foule de ces péronelles qui
me disaient : Monsieur, vous serez
supérieurement au Parc ;Monsieur,
à l'hôtel de l'Europe , on y est à
merveille , me disait une grande
haquenée. Monsieur , venez chez
nous, me disait une grosse dondon,
dont l'organe me faisait peur.
Monsieur , répétait bien bas et
bien modestement une petite fille,

qui n'osait lever les yeux , on est
bien au Sauvage ; si vous vouliez
y venir ; et tout en disant cela ,
elle s'éloignait , comme si je lui
faisais peur. Je la regardais sous-
cape : elle était jolie à croquer. Va,
dis-je , pour la petite sauvage , et
quelques-uns de mes compagnons
de voyage entraînés par mon exem-
ple , la suivirent aussi ; et nous
n'eûmes point à nous en repentir.
L'hôtel du Sauvage , tenu par
M. et Mad. Delorme , est à coup
sûr le meilleur de Mâcon , et
serait sans doute un des meilleurs
de Paris , s'il s'y trouvait. Depuis
Bordeaux , si j'en ai rencontré quelques-uns qui en approchent , je
n'en ai point trouvé qui le surpassent , et même qui l'égalent ; la

maison est très-belle et très-bien
située ; les logemens bien distri-
bués, meublés avec beaucoup de
recherche et de propreté ; la table
d'hôte est excellente, et parfaitement servie ; des bains charmans
sont placés dans l'enceinte de l'hôtel, et la manière dont ils sont tenus, la verdure, les fleurs dont ils
sont entourés, reposent d'avance
la vue du voyageur fatigué, et
l'invitent à un repos plus parfait,
dont l'usage des bains est toujours
la suite.

J'ai resté un jour à Mâcon, j'ai
visité la ville, ses promenades, ses
églises, ses établissemens, ses
rues ; l'ensemble de cette ville est
bien. Les dehors sont riches et

fertiles ; mais il ne faut pas songer
d'y trouver les environs enchanteurs de Lyon.

J'entrerai pourtant dans quelques détails sur la situation, les
édifices et le commerce de cette
ville, lorsque j'écrirai la seconde
partie de cet Itinéraire, destiné à
faire parcourir au voyageur toute
la route que tient la diligence. Le
second volume que j'annonce, con-
tiendra donc la route et les deux
rives de la Saône, depuis Mâcon
jusques à Châlons, où s'arrête la
diligence d'eau, et où les différentes diligences par terre, pren-
nent les voyageurs pour les rendre
à leur destination respective.

E

Ce second volume sera intitulé: Itinéraire ou passe-temps de Mâcon à Châlons, par la diligence d'eau.

~~~~~~~~~~~

NOTES
DE L'ITINÉRAIRE.

Page 10. (1) *Faubourg de Vaize.*

Ce faubourg portait autrefois le titre de bourg, et on l'appelait bourg de Saint-Pierre, du nom d'un monastère dont il ne reste que l'église; ou Bourg-d'eau, parce qu'il était fréquemment inondé par la Saône, sur les bords de laquelle il est bâti.

Dans le temps que l'autorité temporelle de la ville appartenait à l'archevêque et aux chanoines de Lyon, c'était dans ce bourg qu'ils avaient relégué les *femmes publiques.* Un de leurs officiers, nommé roi des *ribauds* ou portefaix, avait inspection sur elles.

Lorsqu'il les surprenait hors de leur quartier, comme lorsqu'elles n'avaient pas sur une de leurs manches l'aiguillette ou nœud de rubans qu'elles étaient obligées de porter, il les arrêtait, les enveloppait d'un filet, et les promenait ainsi dans la ville, pour les exposer aux huées du public. La grande cérémonie consistait à les mener ainsi enveloppées, dans le cloître de *Saint-Jean*, lors de la foire. Ce roi des *ribauds* avait le privilège indécent d'entrer dans l'église cathédrale, vêtu d'un filet.

Tous les soirs, accompagné du guet de l'archevêque, il faisait sa ronde aussitôt après que du clocher de Fourvières, un trompette avait sonné la retraite, dite vul-

gairement le *chasse-ribaud*. Ce si-
gnal suivait immédiatement celui
du *couvre-feu* que donnaient les
principales cloches, pour avertir
les citoyens de dire leurs prières,
et de couvrir le feu, avant de se
coucher, à huit heures en été et
à sept heures en hiver : c'est ce
que nous nommons *l'angelus*. Alors
le roi des *ribauds*, parcourant la
ville, happait sans pitié tous les
vagabonds qu'il rencontrait.

La singularité de la punition
qu'il infligeait aux femmes de débauche, était, malheureusement
pour elles, une *récréation* qu'il se
donnait ; et l'envie de la ramener
souvent, le rendait fort exact et
rigoureux dans ses fonctions.

Lorsque Lyon passa sous le

sceptre des rois de France, il paraît que les *courtisannes* voulurent
un peu s'émanciper ; on comprit
bientôt qu'il importait de leur mettre un frein , et ce fut le but de
plusieurs ordonnances. Voici celle
de 1475 :

« Il fut ordonné aux p... et femmes publiques qu'elles eussent à
vuider les bonnes et honorables
rues , et se retirer au bourdeau ,
et leur fut défendu de porter vête-
mens , ornemens et paremens de
leurs corps , de drap de soie , ni
corroies garnies d'argent blanc, ni
doré, ni porter fourrures de robes,
de pennes de gris , menu-vers ,
laitisses , penne noire , ou blanche
d'agneaux , excepté tant seulement
un pelisson de noir ou de blanc ;

aussi par même moyen de ne porter chaperon de femme de bien et
honnête, sous peine de confisca-
tion d'iceux habits et ornemens.
Et afin qu'elles fussent mieux con-
nues et remarquées, fut ordonné
qu'elles porteraient continuellement, chacune au bras senestre,
sur la manche de leurs robes, pendant, en double du long du bras,
demi-pied, sur peine de prison
et de 60 sols d'amende : et qu'i-
celles femmes publiques se tien-
droient serrées en deux maisons,
desquelles chacune n'aurait qu'une
issue seulement, et esquelles fut
défendu de jouer à jeu de sort. »

La rue principale du faubourg
de Vaise conduit à une place cir-

culaire, à laquelle aboutissent la
route de Bourgogne et celle du
Bourbonnais. Le centre était orné d'une pyramide couronnée par
des emblêmes de la paix, et dédiée
à Louis XVI. Cette pyramide a

Extrait
de M. G. sur
Lyon.

été remplacée par une haute borne
qui désigne les deux routes.

Page 10. (2) *Faubourg de Serin.*

Ce faubourg, situé sur la rive
droite de la Saône, en remontant,
est dans une situation agréable et
avantageuse : on y trouve le port
des diligences. Au delà de la porte,
autrefois dite porte d'Halincourt,
qui confine la ville de ce côté-là,
on lisait, contre une muraille,
cette plaisante épitaphe énigma-
tique :

Ci gît le fils, ci gît la mère,
Ci gît la fille avec le père,
Ci gît la sœur, ci gît le frère,
Ci gît la femme et le mari :
Et ne sont que trois corps ici.

Extrait
de M. G. sur
Lyon.

Page 11. (3) *Ste-Marie-des-Chaînes.*

Avant la révolution, il existait
à cette place un monastère de Da-
mes de la Visitation. Leur église
renfermait des peintures à fresque
très - estimées , et leur couvent
possédait plusieurs tombeaux antiques d'une très - grande beauté ,
sous les rapports de l'art, du marbre et du travail. Ces tombeaux
ont traversé des siècles sans être
endommagés. On peut les voir
aujourd'hui au Musée, et à.....
chez M. . . . . Il ne reste plus
aucun vestige de l'église de Sainte-

Marie-des-Chaînes. Elle est , ainsi
que le couv nt , destinée à former
une caserne dont les fondemens
sont jetés e déjà hors de terre
depuis quelques temps.

Page 11. (4) *L'ancien Couvent des
Chartreux.*

Les chartreux occupaient, avant
leur destruction, ce pavillon carré
derrière lequel s'élève le dôme
qu'on aperçoit du port de la diligence. Cette chartreuse n'avait
point, comme la plupart des autres ,
l'horreur ni le calme de la solitude.
Le site en est charmant, l'air pur
et la vue admirable. Cette maison
était autrefois la citadelle bâtie
sous Charles IX ; elle fut démolie
vingt ans après sous Henri III ; et
l'emplacement en fut cédé dans les

suites , par Henri IV , aux Chartreux qui l'embellirent sucessive-
ment.

L'église est très-jolie , on ad-
mire, avec quelque raison , l'élé-
gance du dôme et sur-tout le bal-
daquin qui couronne le grand autel. Le chœur est très-beau , très-
bien pavé , orné de statues d'une
menuiserie parfaite , et décoré de
stalles et de tableaux des plus célèbres artistes.

Le cloître , les jardins , la ter-
rasse étaient dans le meilleur état,
et remplis d'ornemens qui ont
disparu depuis la révolution. Aujourd'hui, il n'y a d'intact que l'é-
glise , qui est devenue une succur-
sale, et le grand pavillon où s'est
établie une pension de jeunes demoiselles.

Page 11. (5) *Greniers d'abondance*.

Ce long bâtiment qui frappe la vue , soit qu'on y passe devant par terre, soit qu'on le voie d'un peu plus loin, en passant sur la rivière, n'a rien de remarquable par sa construction ni par son architecture. L'avant-corps au dessus duquel s'élève un fronton décoré des armes de France , lui donne une sorte de représentation à laquelle ne répond point la distribution de l'intérieur , destiné dans son établissement à servir de grenier d'abondance pour l'approvisionnement de la ville. Il servit dans les suites à un dépôt d'armes, ensuite de casernes. Enfin aujourd'hui, il remplit en même temps ces deux objets , et il sert de caserne et de magasin à blé et farine.

Page 11. (6) *L'Homme de la Roche.*

La tradition veut que cette statue soit un monument que la reconnaissance du peuple érigea à Jean Flebergue, Allemand, conseiller de ville en 1546, qui employait chaque année une somme considérable à marier les pauvres filles de ce quartier. La bourse que cette figure tenait, avant que la main tombât de vétusté, désignait effectivement la générosité de celui qu'elle représente. Cette figure qu'on est obligé de renouveller après un certain laps de temps, l'est ordinairement par les habitans de Bourgneuf, qui la promènent dans toute la ville, au son des instrumens, avant que de la placer sur la roche qui lui sert de piédestal.

Extrait de M. G. sur Lyon.

Page 12. (7) *Pierre-Scise.* (*Petra excisa.*)

On prétend que ce fut Agripa, gendre d'Auguste, qui fit scier ce rocher, lorsqu'il construisit les quatre voies romaines, dont Lyon étaient le centre.

Le château qui dominait ce rocher, a été long-temps la demeure des archevêques. Pendant les troubles de la ligue, les ligueurs y enfermèrent quelques notables de la ville, du parti qu'ils appelaient *royalistes*, entr'autres, deux Grolliers et un Baglion. Antoine Grollier do Serrières, l'un deux, s'en évada, en descendant du donjon, avec des cordons de soie que sa femme lui avait apportés sous son *vertugadin*. Le duc de Nemours

qui y fut ensuite emprisonné, pour
avoir tenté pendant les mêmes
troubles, de se rendre maître de
Lyon et des provinces voisines,
s'esquiva du château d'une manière moins périlleuse Après
s'être fait passer pour malade, il
fit mettre dans son lit son valet
de chambre dont il prit les habits,
la chevelure, la barbe, et même
les fonctions. Armé sous ce cos-
tume d'un bassin qu'il semblait
empressé de vider, il écarta sans
efforts les vigilantes sentinelles
qui le gardaient, et se sauva en
leur présence.

Extrait
de M G. sur
Lyon.

Page 12. (8) *Coteau du Grillon.*

Ces coteaux dominent entièrement toutes les maisons de Bourgneuf, et une bonne partie de cel-

les du faubourg de Vaize. Ils
sont couverts de maisons de campagne qui semblent placées là
comme par enchantement, et presque suspendues dans les airs. Lorsque la diligence quitte le port où
on la prend, et qu'elle file rapi-
dement sous ces riantes collines
appuyées en apparence sur des
maisons sales et noires ou sur des
rochers arides, qui leur servent
pour ainsi dire de socle, on se
croit exactement à la lunette d'une
lanterne magique. Le voyageur
ne peut qu'être fort étonné d'un
aspect et d'une nature semblable.

Page 12. (9) *Maison Constant.*

CETTE maison est une des
plus remarquables et des mieux
situées de toutes celles de Lyon,

ou de ses environs; car on ne
saurait décider si elle appartient à
la ville ou à ses dehors. Au premier aspect et depuis qu'on l'a-
perçoit très-au loin, en venant
sur la Saône, elle semble faire
partie de la montagne sur laquelle
est bâtie l'ancienne cité. Mais
lorsqu'on en approche, on voit
qu'elle est isolée; et le terrein sur
lequel elle a été construite pourrait se regarder comme un lieu
sacré sur lequel les habitans de
Lyon ont voulu édifier le temple
d'une divinité. On croirait qu'ils
ont voulu l'avoir au milieu d'eux
en se tenant cependant à une res-
pectueuse distance d'elle. Ce ter-
tre est cultivé depuis sa cime où
est placée la maison jusques aux

pieds qui touchent à la ville : tout
ce qui entoure la maison Constant
est planté de bosquets et de bois,
de quinconces, de vergers qui en
font un lieu de délices. De cette
hauteur l'œil suit de côté et d'autre les bords magnifiques du Rhône, depuis les portes de la Bresse
jusqu'à celles du Dauphiné, et les
contours gracieux de la Saône depuis Fontaines jusques à Lyon.

Page 13. (10) *Maison Chinard.*

Un site tranquille, agreste,
presque sauvage même au milieu
des monumens et des antiquités
que l'art et la tradition ont rendus
fameux, est celui qu'a choisi le
célèbre sculpteur Chinard. Le
ciseau de cet artiste habile vient
de nous donner dans le cours d'un

petit nombre d'années plusieurs
chefs-d'œuvre qui ont fixé les
regards du public connaisseur et
du grand monarque juste appré-
ciateur du vrai talent.

Page 13. (11) *L'Observance.*

L'Observance a été fondée par
Charles VIII , et Anne de Bretagne son épouse, en 1494.

L'éloge historique de ce prince,
attribué à Ronsard par M. Gode-
froy, nous instruit des raisons particulières qui engagèrent Charles
VIII à faire cette fondation royale ,
à la faire dans Lyon et dans un
de ses faubourgs. Ce prince avait
pour confesseur , pour prédicateur et même pour précepteur un
saint religieux de l'ordre de saint
François , nommé le père Jean
Bourgeois , né à S.t-Trivier dans

la Bresse , au voisinage de Lyon.

Ce fut pour donner au père Jean Bourgeois une preuve singulière de son affection , que le roi fonda un couvent de l'étroite Observance dans la ville de Lyon et dans le faubourg de Vaise , que ce père avait choisi comme le lieu le plus convenable à l'esprit de son institut. Le roi voulut en poser lui-même la première pierre qu'il fit solennellement bénir par son grand aumônier , et sur laquelle on grava cette inscription.

Jesus Maria.
*Carolus VIII fundator hujus ecclesiæ
Nostræ Dominæ de Angelis ,
Et Anna regina. MCDXCIII.*

Extrait de Colonia.

La date de l'inscription de cette pierre fondamentale est de 1493.

Page 13. (12) *Ecole Vétérinaire.*

L'Ecole Vétérinaire occupe aujourd'hui l'Observance ; c'est le
premier établissement de ce genre
formé en France. M. Bourgelat né
d'une famille noble de Lyon, et
aussi recommandable par sa modestie que par ses vertus et ses
talents, en fut le fondateur. Cette
Ecole fut instituée par un arrêt
du conseil, du 5 août 1761, pour
étendre les connaissances et per-
fectionner les traitemens des mala-
dies qui attaquent les chevaux et
les autres animaux domestiques.
Dès l'instant de sa naissance, cet
établissement parut si favorable à
l'agriculture, et rendit de si grands
services dans les campagnes, en
arrêtant les progrès des épizooties

cruelles, que ses premiers succès
lui méritèrent le titre d'*Ecole
royale Vétérinaire*, qu'elle obtint
par un arrêt du conseil, du 31
juin 1764. Cette Ecole fut établie,
d'abord au faubourg de la Guillotière, on y forma un cabinet aussi
curieux par l'ordre qui y régnait,
que précieux par le choix et le
soin qu'on avait mis à le compo-
ser ; la révolution ne l'a pas seulement endommagé, mais absolument anéanti. L'école a été né-
gligée en général, on peut dire
même abandonnée, pendant tout
le temps de la tourmente révolu-
tionnaire. Enfin, lorsque le calme
a reparu, lorsque le gouvernement a paru s'occuper de choses
utiles, ses premiers regards se

sont jetés sur elle, et elle a été
transférée au lieu qu'elle occupe
aujourd'hui.

C'est au milieu des ruines des
deux monastères, de l'Observance
et des Deux-Amans, qu'a été
rétablie cette école, qui, pendant
quelques années, semblait avoir
beaucoup de peine à sortir de ce
chaos. Mais depuis l'avènement au
trône de Napoléon-le-Grand, depuis que sa miraculeuse influence
s'étend au dehors comme au dedans, sur tous les points et sur
tous les établissemens de l'empire,
l'école vétérinaire de Lyon a pris
un accroissement rapide, et sous
les rapports de l'organisation, et
sous ceux de l'instruction et de
l'embellissement. Les règlemens

les plus sages et les plus utiles y
sont en vigueur. Un uniforme en
fait distinguer les élèves ; un directeur respectable par ses qualités, son âge et ses connaissances,
y maintient l'ordre et surveille les
mœurs. Des professeurs habiles
et distingués se divisent l'ensei-
gnement. Déjà, enfin, avec les
secours des différens ministres qui
se sont succédé, les bâtimens
ont été réparés et accrus. La
pharmacie ainsi que le cabinet
commencent à se former, des sal-
les de démonstration sont ache-
vées, et un jardin de botanique,
tenu avec tout le soin, toute l'in-
telligence, et tout l'ordre possible, présagent à cet établissement un avenir glorieux.

Extrait
des Lettres
à ma Fille,
par M. D.

Page 1ろ (1ろ) *Pont de Serin.*

Ce pont, depuis long-temps en-
levé par les eaux, à la ville de Lyon,
manquait pour la communication
des deux faubourgs. On a varié
souvent dans les projets pour son
rétablissement. On avait d'abord
formé celui de le construire en
fer, et de ne faire qu'une seule
arche. Ce projet digne du siècle
éclairé dans lequel nous vivons,
et du règne du plus grand des
rois, a donné lieu à un artiste habile de déployer des talens supé-
rieurs, et faits pour honorer la
ville célèbre où il est né. M.
Etienne a modelé ce pont en fer
en une seule arche. Ce modèle,
qui est un véritable chef-d'œuvre,
se voyait chez cet artiste, et au-

jourd'hui, je le crois au musée. Il mérite une visite particulière des amis des arts ; je ne sais pourquoi le modèle n'a point perpétué l'idée de l'éxécution du projet déjà formé. Mais il a été laissé de côté, et on s'est occupé de construire le Pont de Serin en pierre ; les plans ont été levés, les devis faits, un grouppe considérable de maisons achetées pour l'établir en face des greniers d'abondance, le faire aboutir de devant l'école vétérinaire, et lui donner un grand développement à l'entrée devant cet établissement public. Les premiers pilotis des piles ont été placés, et les ouvrages ont été subitement suspendus. Enfin, on vient de les recommencer, mais non au même endroit. Il a paru plus convenable et plus économique de se servir, pour cette construction, des anciennes culées du pont emporté, qui sont restées intactes, et d'édifier les piles en pierres et les cintres en bois : on y travaille actuellement.

Le gouvernement a accordé une somme considérable pour la construction de ce pont, et a dévolu le droit du péage à l'hospice de l'Antiquaille.

Page 15. (14) *Maison Deschamps.*

Cette maison est simple, sans prétention, et n'annonce ni le luxe ni le faste. Mais une extrême propreté, une bonne tenue, des jardins potagers bien soignés, des bois épais et considérables

qui couvrent le coteau au bas duquel elle se trouve, lui méritent
la préférence sur une infinité
d'autres. Cette maison est le point
de repos de tous les bateaux et
toutes les bêches qui viennent con-
duire aux campagnes voisines, ou
jusqu'à l'Ile-Barbe. C'est-là que
les batelières sont dans l'usage
de prendre la corde qu'elles nomment vulgairement virice, et
avec laquelle elles se font remon-
ter plus facilement par un cheval

Extrait des Lettres à ma Fille, par M. D. mais plus communément par des
hommes ou des enfans, jusqu'au
lieu de leur destination.

Page 15. (15) *Maison de la Claire.*
Son nom dérive de l'inscription
ubique clara qu'on lit sur le por-
tail, et qu'elle mérite depuis

long-temps par ses agrémens et
sa célébrité. Déjà en 1683, M.
Spon en parlait avec éloge ; et
depuis, elle s'est acquise une
grande réputation de beauté, par
les soins du fameux André Lenostre, qui en a dessiné les jardins
et tracé les promenades. Avant
ces décorations modernes, elle
était déjà une des plus belles maisons de plaisance qui environnent
Lyon. L'histoire nous apprend
qu'avant de faire son entrée solennelle dans cette ville, Henri IV
se plut infiniment à se promener
dans l'enclos de la Claire, et que
ce fut dans l'avant-cour de cette
maison que ce monarque, élevé sur
un amphithéâtre, reçut les complimens de tous les corps de la ville.

G.

Parmi les réponses que le bon
Henri y improvisa, avec la franchise et la sensibilité qui le carac-
térisaient, la plus touchante est
celle qu'il fit à l'échevin qui lui
offrait les vœux et les promes-
ses de la fidélité des Lyonnais.
« Mes amis, dit-il, j'ai loué
» votre fidélité, j'ai toujours cru
» (quelque débauche et change-
» ment qu'il y ait eu par mon
» royaume) que vous étiez Fran-
» çais : vous me l'avez bien mon-
» tré; l'honneur vous en est de-
» meuré, et à moi tout le con-
» tentement qu'un prince peut
» avoir du service et de l'obéis-
» sance de ses sujets : continuez à
» m'aimer, et je vous ferai con-
» naître combien je vous aime,

» et que je n'ai rien plus à cœur
» que votre repos. »

Extrait
de M. G. sur
Lyon.

Page 15. (16) *La Duchère.*

On ne sait pas l'origine du nom
que porte cette maison. Les bâtimens en sont vastes et beaux.
Les jardins et le parc annoncent
la demeure d'un propriétaire puis-
sant; et ses décorations et dis-
tributions intérieures supposent
aux seigneurs qui l'ont possédée,
un véritable amour des arts, se-
condé par un goût acquis et par
une fortune considérable. Ce château appartient aujourd'hui à M.
de Varax, d'une des maisons les
plus anciennes et les plus distin-
guées de Bresse, et dont les
aïeux ont été souverains d'une
partie de cette province.

Page 16. (17) *La Jolivette*.

Elle a été bâtie par un libraire
appelé Regnault ; elle appartient
aujourd'hui à M. Ledoux retiré
du commerce. .

Page 16. (18) *La Tour de la belle
Allemande*.

Tout prête dans cette maison
à ces idées de féodalité ou de
féerie ; son isolement au milieu
de possessions immenses, sa construction à demi-antique , sa haute tour , ses vestiges de pont-le-
vis , ses fossés , les vérités et les
fables même qu'on débite sur
cette demeure.

Parmi ces fables , il en est une
que je ne puis passer sous silence ,
et que l'on raconte de plusieurs
manières. Voici celle qui semble
la plus accréditée.

Un Français, originaire de
Lyon, avait fait une fortune considérable en Allemagne, et obtenu de grandes faveurs de la cour;
il y vivait depuis long-temps com-
blé de biens et d'honneurs, lorsque le hasard lui procura la con-
naissance d'une jeune personne,
de basse extraction à la vérité,
mais d'une beauté parfaite et d'une
grace accomplie. Il en devint
éperdument épris et l'épousa.
Cette union, fort bien essortie
dans d'autres temps, parut très-
déplacée par les circonstances et
la position où se trouvait le nouvel époux. Il fut donc disgracié,
perdit sa considération, son crédit, et se vit obligé de quitter
l'Allemagne. Il revint dans sa pa-

trie, se retira à Lyon, et fit l'acquisition de cette maison.

Il s'y établit avec son épouse. Elle était jeune, agréable, aimait le plaisir, et le cherchait toujours, sans pouvoir le trouver jamais dans cette solitude. Elle sembla le rencontrer enfin dans la conversation d'un aimable commensal de son mari.

Celui-ci interpréta mal , sans doute, des entretiens trop répétés ; et pour se délivrer de ces conversations qui lui devenaient importunes , il vint à bout, à l'aide de l'autorité et sous des prétextes supposés , de faire enfermer le jeune homme au château de Pierre-Scise ; de son côté, il enferma

lui-même sa femme dans la haute
tour, qu'on aperçoit encore aujourd'hui devant la maison, et
qui dit-on, a conservé depuis
lors le nom de la Tour de la belle
Allemande. La chronique ajoute
que ce malheureux jeune homme,
comme un autre Léandre, s'étant
précipité du rocher de Pierre-
Scise dans la Saône, afin de se
sauver à la nage. à l'autre bord,
et parvenir à escalader la tour de
la belle recluse, fut aperçu par les
gardes du château. Ils tirèrent sur
lui dans l'eau plusieurs coups de
fusil, dont un l'atteignit et le
blessa mortellement, sous les
yeux de son amante infortunée,
qui, montée au sommet de la
tour, l'encourageait du geste et

de la voix à traverser le fleuve,
et à venir la rejoindre.

La Tour de la belle Allemande appartient aujourd'hui à M.
Vouty, premier président de la
Cour impériale de Lyon; cette
maison a conservé tout ce qu'elle
avoit de pittoresque et de roman-
tique; mais elle a été considérablement embellie et augmentée
par son nouveau propriétaire. Si
l'on avoit quelques reproches à
lui faire, ce seroit d'avoir accollé
un bâtiment moderne et d'un
goût un peu maniéré à celui qui
porte l'empreinte noble et simple de l'antiquité.

Extrait
des Lettres
à ma Fille,
par M. D.

Page 16. (19) *Maison Merlino*,
(Folies Pitrat.)

Le célèbre architecte Soufflot à
qui Lyon doit ses plus beaux édifices, l'Hôtel-Dieu , la Salle de
spectacle , la Loge du change, aujourd'hui le Temple des Protes-
tans , a fait bâtir cette maison qui
plus que toute autre des bords de
la Saône , mérite d'arrêter les
regards du voyageur. Les bâtimens, la façade, les jardins ,
les terrasses, tout est de la plus
belle ordonnance. Elle a été construite par M. Pitrat , et fut , à
cette époque , surnommée *les
Folies Pitrat*. Elle a passé depuis
dans les mains de M. Merlino ,
dont la fortune avait été rapide
et considérable. Depuis sa mort,

H

elle appartient à sa veuve qui ne
l'habite point ; ce qui fait qu'elle
est très-négligée et se dégrade
chaque jour.

Page 17. (20) *La Dargoire.*

Maison de M. Baudin aîné,
occupée aujourd'hui par M. le
Comte de Bondy , Préfet du Rhône.

Page 17. (21) *Rochecardon.*

C'est une petite vallée agreste
et solitaire, arrosée par un ruisseau qui prend sa source dans des
bois charmans qui couvrent la
colline, et d'où il descend avec
un peu de fracas à travers des
genêts, des bruyères et des gazons
fleuris dont la terre est jonchée.
Les bois de Rochecardon et la fontaine , où son ruisseau prend naissance, faisaient les délices de Jean-

Jacques Rousseau. C'est là où il composa plusieurs morceaux de sa nouvelle Héloïse ou Julie, dont il grava le nom sur l'écorce d'un arbre. Ces agréables retraites sont le rendez-vous de tous ceux qui aiment le silence et le calme des montagnes, des amans heureux qui veulent être tout à eux-mêmes, ou des malheureux qui veulent être tout entiers à leur douleur ; l'ami des lettres et des muses trouve au milieu de ces bosquets enchantés, à entretenir ses rêveries, ou à charmer ses loisirs ; et l'homme fatigué du monde peut y goûter, à son aise, tous les charmes de la vie champêtre. . . Cette heureuse contrée a été souvent le sujet des descriptions de plusieurs écrivains et poëtes distingués par leur verve et leur talens.

Page 17. (22) *La Sauvagère.*

Elle appartient à M. Couderc.

Page 17. (23) *La Mignonne.*

Un des MM. Baudin , qui en est propriétaire , a porté dans l'ameublement et la décoration de cette maison, le goût et la recherche de ce qu'on appelle en bon style à Paris, des petites maisons.

Page 17. (24) L'ILE-BARBE,

Dont la description la plus agréable ne saurait rendre le charme de sa situation , et de la délicieuse campagne qui l'environne, n'est pas moins intéressante sous ses rapports historiques. Lors de la première persécution contre les chrétiens , en 203, ils se réfugié-

rent dans cette île, qu'ils appe-
lèrent Barbare, parce qu'elle était
horriblement hérissée de rochers
et de ronces. Ce nom s'est changé
en celui de Barbe , par la même
syncope qui fait nommer Barbes
les chevaux de Barbarie : c'est la
remarque de Laboureur, auteur
des *masures de l'Ile Barbe.* En
latin, elle s'appelle toujours Barbare, *insula Barbara.* Elle ne fut
pas plutôt habitée, qu'on y fonda
une abbaye qui devint ensuite très-
célèbre. Charlemagne voulut la
connaître ; mais il n'en eut pas
plutôt vu le séjour, qu'enchanté de
sa situation , il forma le projet de
venir s'y livrer à la retraite et au
repos, dès que les grandes affaires
de l'empire le lui permettraient.

H.

Cette résolution était si décidée, qu'il y fit recueillir , pour son usage , une bibliothèque magnifique, dont il n'eut pas le bonheur de jouir. Elle était renommée en France, sous le titre de *Librairie de Charlemagne*. On y voyait les manuscrits les plus précieux ; parmi lesquels il en était d'écorce d'arbre des îles du Nil. Cette bibliothèque, confiée aux religieux de l'abbaye, fut pillée et brûlée, comme elle , par les Calvinistes , en 1562.

Les habitans de Lyon font , les uns par eau , et les autres par terre , une promenade brillante à l'Ile-Barbe , chaque année , à deux époques différentes ; savoir : le lundi et le mardi de Pâques , le

lundi et le mardi de la Pentecôte.
Peut-être la piété fut-elle origi-
nairement la cause de ces fêtes
devenues tout-à-fait profanes aujourd'hui. Il est probable cependant qu'elles ne sont qu'une exten-
sion de la cérémonie mémorable
qui s'y faisait au quatorzième siècle , un jour déterminé entre ces
deux époques. Des contestations
s'étaient élevées en 1593 , entre
le roi Charles VI et le comte
de Savoie , sur la propriété du
rivage de la Saône , du côté de
la Bresse , lequel n'appartient à
la France que depuis 1601. A
l'occasion de ces difficultés , le
maître des ports et les sergens
du roi , conduits par quelques
magistrats , imaginèrent d'aller ,

chaque année, le jour de l'Ascension, à l'Ile-Barbe, par eau, avec
enseigne et tambours, pour arra-
cher de la rivière l'écusson de
Savoie, que les officiers de Bresse
y plantaient ordinairement la nuit
précédente, et poser à la place
celui de France ; afin de montrer
que d'un bord à l'autre la Saône
appartenait au roi. Enjoués de
de cette facile conquête, ils reve-
naient au bruit des instrumens,
et à la lueur des feux d'artifice,
tellement qu'*il semblait*, suivant
la comparaison de Rubis, *que la
rivière de Saône fût un nouveau mont
Gibel.* Cette fête avait encore lieu
dans le seizième siècle.

Extrait
de M. G. sur
Lyon.

Page 19. (25) LE MONT-CINDRE.

Le Mont - Cindre est un des mamelons qui composent le Mont-d'Or. La cime pelée et inculte de cette petite montagne, la richesse du sol qui est au dessous, les carrières et les diverses natures de pierres qu'elles renferment, les coquillages et principalement les cornes d'*Ammon*, qu'on y rencontre très-fréquemment, tout annonce que ces aspérités ont été successivement le siége des eaux ou d'un volcan. Si à tous ces indices, on ajoute l'étymologie naturelle du nom de Mont-Cindre, qui, en idiome lyonnais, veut dire mont de cendres, on n'élèvera aucun doute sur l'existence primitive de l'eau et du feu sur cette montagne.

À la même place aujourd'hui où l'on suppose qu'était le cratère du volcan, existe un petit ermitage avec quelques arbres autour. Le point de vue dont on jouit de cette solitude , y attire pendant la belle saison , tous les curieux des environs , et tous les étrangers qui ont assez de force et de courage pour gravir jusqu'au sommet.

Page 19. (26) *Maison Regny.*

Tout est en harmonie dans cette maison ; les dehors , l'intérieur, les eaux, les jardins, les bois, les divers points de vue qu'on a ménagés à mesure qu'on les parcourt ; l'entrée, l'avenue, les bâtimens , tout annonce l'opulence du maître. C'est la maison de campagne qui représente le mieux aux environs de Lyon, celles que l'on rencontre aux environs de Paris. Elle appartient aujourd'hui à Monsieur Monicault, directeur des postes. Elle a été bâtie avec bien plus de magnificence qu'elle n'existe aujourd'hui, par M. Balmont, riche tireur d'or de Trévoux, et qui dans le siècle dernier, fit une fortune immense, dont-il dépensa une grande partie dans les constructions et plantations de cette maison.

Page 21. (27) *Moulins d'Hylan.*

Hylan est le nom d'un chien dont parle Virgile, dans sa huitième églogue. Il est prétendu qu'autrefois un propriétaire de ces moulins, dont les environs étaient moins peuplés qu'aujourd'hui, avait donné ce nom à un de ses chiens qui était de très-bonne garde, et inspirait tellement de crainte qu'on ne connaît plus ces moulins que sous le nom d'Hylan, qui leur est resté. Il part tous les jours à sept heures du matin, d'Hylan, un grand bateau couvert, qui va porter ses farines à Lyon, et qui, en chemin faisant, prend à son bord, moyennant dix centimes, tous les passagers des deux rivages, qui veulent se rendre à la ville.

Page 21. (28) *Château de Roye.*

Le cardinal Richelieu fit bâtir ce château, et il existe à ce sujet une tradition qu'il n'est pas inutile de rapporter.

Le frère du Cardinal était chartreux, et se trouvait à la chartreuse de Lyon, lorsque ce ministre
ambitieux résolut de lui faire quitter le cloître pour accepter le
siège archiépiscopal de Lyon ; le
simple et vertueux moine fit d'a-
bord quelques résistances, mais
il fallut obéir ; il fut fait archevêque, et le Cardinal lui donna le
château de Roye dont la construction et l'ameublement étaient pour
le temps dignes de la magnificence
de ce prélat ; l'ex-chartreux ne se
trouva point disposé à l'occuper,
soit par goût, soit par modestie ;
en conséquence, il livra cette habitation à tous les gens de sa maison et de sa suite, et fit bâtir à la
grille de l'avenue du château, une

1

petite cellule exactement conforme dans sa division , et dans son ameublement , à celle qu'il avait à la chartreuse ; et ce respectable prêtre y finit ses jours dans la pénitence et dans la prière, sans vouloir participer en aucune manière au luxe et aux richesses de son nouvel état.

Page 21. (29) *Indiennerie de Fontaines.*

M. Mallet a formé cet établissement précieux ; il a surmonté tous les obstacles , et en dépit de l'aridité du sol , il a planté avec succès une multiplicité d'arbres , construit des usines , établi des ateliers , de vastes étendoirs, et créé , pour ainsi dire , un nouveau village.

Page 21. (30) FONTAINES.

Voici ce que raconte un voyageur relativement au nom de
Fontaines que porte ce village.

« J'avais déjà fini de parcourir
» tous ces divers paysages, toutes
» ces heureuses contrées, lorsque
» du sommet de la colline qui se
» trouvait devant moi, je vis des-
» cendre à pas lents une sorte de
» procession champêtre, à la tête
» de laquelle marchait une foule
» de jeunes filles vêtues de blanc,
» la tête couverte d'un voile de
» même couleur, et portant dans
» leurs mains des guirlandes de
» fleurs dont elles s'entrelaçaient
» tour-à-tour et mutuellement ;
» elles conduisaient chacune un
» petit mouton couronné, orné de

» rubans, et attaché par des cor-
» dons de liane à leur ceinture.
» A la suite marchaient les jeunes
» garçons vêtus en blanc aussi
» et portant sur leur front et à leurs
» mains des couronnes de chêne,
» et des rameaux de verdure ; au
» milieu d'eux bondissait un bouc
» orné de fruits et de fleurs, et
» dont les cornes et les pieds étaient
» dorés ; après eux marchaient les
» vieillards des deux sexes appuyés
» tous sur un outil propre à l'agricul-
» ture ; la marche était terminée
» par un char attelé de deux bœufs
» revêtus de draperies et d'orne-
» mens précieux ; sur ce char était
» porté le plus ancien et le plus
» vénérable de tous les vieillards,
» entouré de deux ou trois famil-

» les, qui formaient les trois géné-
» rations dont il était le père.
» Une charrue, simple et sans
» ornement, suivait ce char pa-
» triarchal, et le Pasteur de ce
» troupeau, le respectable Curé,
» semblait donner par ses béné-
» dictions, l'assentiment du Ciel
» à cette fête religieuse.»

    » J'attendis que ce cortège inté-
» ressant fût descendu de la colline,
» je le vis défiler devant moi, et
» s'arrêter devant une source qui
» était tout près. Arrivé à la fon-
» taine, il se rangea tout autour,
» on aida le vieillard à descendre,
» on le porta près de la source où
» les jeunes filles l'ayant entouré de
» leurs guirlandes, et les jeunes gar-
» çons couverts de leurs couronnes

» et de leurs rameaux ,   il prit de
» leurs mains le bouc et un mou-
» ton qu'il plongea dans le bassin
» de la source , et se mit à enton-
» ner l'hymne des fontaines. Aussi-
» tôt après on le dépouilla des guir-
» landes et des couronnes , on le
» remit sur le char , et le cortège
» reprit sa marche dans le même
» ordre. Le genre et la nouveauté
» de cette cérémonie avaient eu
» lieu de me surprendre ; j'en de-
» mandai le sujet et l'origine.

» Celui à qui je m'adressai me
» répondit que le nom de Fontaines
» avait été donné à ce village , à
» cause de la quantité de sources qui
» s'y trouvent , et qu'on avait cou-
» tume d'y célébrer, comme chez
» les Romains, dans les mêmes for-

» mes, et à l'époque du mois d'octo-
» bre, les *fontinales* ou fêtes en l'hon-
» neur des nymphes des fontaines. »

Page 22. (51) *La Pelonnière.*

La Pelonnière est un petit hameau sur le bord de la Saône,
dont tous les environs sont charmans. La maison du moindre habitant est entourée de vergers, de
prairies et de jardins cultivés sans
art ; mais qui, pour cela, n'en
ont pas moins de charmes ; placé
au pied du Mont-d'Or dont le nom
exprime assez la fertilité, le plus
petit coin de la Pelonnière sera
toujours pour l'homme simple, et
dont tous les goûts sont pris dans
la nature, la retraite la plus séduisante qu'il puisse trouver.

Extrait
des Lettres
à ma Fille.

Page 22. (32) *La Fréta.*

M. Poivre , ancien intendant
des îles de Bourbon , et dont la
mémoire est précieuse à tous les
Lyonnais , donna beaucoup de réputation à cette maison, par les
soins qu'il prit de l'embellir. Elle
a renfermé tant qu'il a vécu toutes
les plantes indigènes et exotiques
les plus rares, qu'il y cultivait et
naturalisait à grands frais. Son séjour dans les îles , le crédit et la
considération dont il y jouissait ,
l'avaient mis dans le cas de se
procurer tout ce qu'il y avait de
plus curieux dans ce genre ; et sa
fortune lui permettait les dépenses nécessaires pour acclimater
les sujets qu'il faisait changer
d'hémisphère. La Fréta fut pen-

dant la vie de cet homme distingué le rendez-vous de la meilleure
compagnie de Lyon , et le point
d'appui de tous les voyageurs
jaloux de s'instruire , et de tous
les savans et hommes éclairés de
l'Europe. La France , et particulièrement le jardin des plantes
de Paris, doivent à la Fréta , une
multitude d'objets utiles , agréables ou curieux dont ils se sont enrichis. M. Poivre ne bornait point
ses dépenses à la culture et aux
soins des plantes qui pouvaient
augmenter le domaine des sciences et du commerce. Il s'adonna
aussi à l'embellissement de ces
bois qui tapissent le joli coteau
sur lequel la Fréta est située , et
la distribution des eaux dont elle

est arrosée , et des jardins dont
elle est entourée ; le nouveau propriétaire , M. Goirant, a continué
des soins à tout ce qui donnait de
l'agrément à cette maison ; mais
tout ce qu'il y avait de précieux a
disparu avec celui qui l'avait re-
cueilli.

Page 23. (33) *Maison de M. Guillot.*

La description que j'ai faite de
cette maison suffit bien pour la
faire connaître, mais ce que je n'ai
pas dit , c'est que le cabinet d'histoire naturelle mérite l'attention
particulière de ceux qui s'adon-
nent à cette étude ; je ne l'ai point
vu , mais j'ai ouï dire que l'ordre,
la classification et la collection de
ce musée annonçait autant l'homme de goût que l'homme instruit

dans l'une des plus intéressantes de toutes les sciences : tout le monde s'accorde à dire que la maison de M. Guillot a coûté des sommes immenses.

Page 26. (32) ROCHETAILLÉE.

Rochetaillée a donné la naissance et son nom à deux hommes assez marquans , chacun dans leur genre , pour ne point les passer sous silence.

Jean de Rochetaillée , cardinal, mort à Lyon en 1437. L'obscurité de sa naissance (il était fils d'un pêcheur , et il portait le nom du village de Rochetaillée où. il était né) , sa qualité d'enfant de chœur de l'église de St-Jean , ne l'empêchèrent point de parvenir aux plus grandes dignités de l'é-

glise et d'y faire éclater les talens
et les vertus qui lui en avaient
frayé le chemin. C'était un homme
savant, il fut official de Rouen,
correcteur des lettres apostoliques
à Rome, administrateur de l'évê-
ché de Paris, en 1424; patriarche
de Constantinople et vice-Chance-
lier de l'Eglise romaine. Quand il
mourut, il avait été évêque de
S. Papoul, patriarche d'Aquilée,
évêque de Genève, et nommé à
l'archevêché de Rouen, pendant
la tenue du concile de Constance
auquel il assista.

La chapelle qui joint l'église
de Rochetaillée est une de ses
fondations; on y voit ses armes
au plafond et aux vitraux.

Un autre Jean de Rochetaillée

n'a pas moins distingué sa car-
rière, quoique dans un état moins
illustre que celui - ci , et par con-
séquent moins digne de célébrité.

Il était cordelier. Paradin ,
dans son histoire de Lyon , prétend que c'était un personnage
d'un grand savoir. Ses prédications
firent beaucoup de bruit en 1573 ;
elles attaquaient principalement
les mœurs du clergé : (ceux qui
prêchent les autres n'aiment pas
à être prêchés.) Il fut maltraité ,
et ce ne fut pas absolument sans
raison. Il se servait d'un apolo-
gue qui attaquait l'église comme
le clergé , et qui confondait deux
objets qui ne sont pas les mêmes.
C'était un oiseau , qui , après
avoir été embelli des plumes de

K.

Extrait
des Lettres
à ma Fille.
V.ᵉ Vol. inéd.

tous les autres, les méprisait et ne cherchait qu'à les dépouiller encore de ce qui leur restait.

Page 27. (55) Couzon.

Les carrières de Couzon sont une source de richesses pour les habitans de ce village ; ils y travaillent nuit et jour, et nuit et jour aussi leurs bateaux, vulgairement appelés sapines, couvrent la *Saône* jusqu'à *Lyon*. Il n'y a pas de coup-d'œil plus bizarre peut-être que celui du bassin entre Couzon et Rochetaillée. Au milieu de la plus belle campagne, traversée par la plus belle des rivières, Couzon, environné de carrières, de monceaux de pierres dont la couleur est rougeâtre, ressemble assez à un pays que les

flammes ont dévoré, et dévorent
encore; la seule immense maison
de M. Chevrillon, baignée par les
eaux de la Saône, et cependant
d'une sécheresse extrême par l'a-
ridité du sol dont elle est entourée, et l'absence du plus petit
ombrage, semble leur avoir ré-
sisté.

Page 28. (36) NEUVILLE - L'ARCHE-
VÊQUE.

Neuville - l'Archevêque est la
dernière ville du département du
Rhône que l'on rencontre sur les
bords de la Saône ; elle est peu
considérable, mais dans une des
plus heureuses situations sous les
rapports du commerce, des agrémens de la ville et de ceux de la
campagne ; elle était autrefois

capitale de ce qu'on appelait le
Franc-Lyonnais, et le chef-lieu du
marquisat de Neuville que posséda
long-temps une branche de la famille des Villeroy, dont plusieurs
furent gouverneurs et archevêques
de Lyon. A cette époque, Neuville
avait des fabriques de velours et
de soie, de ratines, d'amidonne-
ries, des fonderies de cuivre, des
filatures de coton, des blanchis-
series de toile, des papeteries; aujourd'hui cette petite ville a beaucoup perdu de ces avantages; les
fabriques y sont moins nombreu-
ses, le commerce moins considérable, et la dégradation, l'abandon
même presque total du château de
l'archevêque, l'ont réduit à un
état bien différent de celui de ses

premiers temps ; mais il lui reste un commerce assez florissant
que favorisera toujours sa situation sur la rivière , sa proximité
d'une des plus grandes villes et des
plus commerçantes , et le passage
continuel des diligences et des bateaux de toute espèce , qui facili-
tent les transports et les commu-
nications de tous les genres.

Neuville a plusieurs foires très-
considérables , qui sont le point de
réunion d'une partie de la Bresse
qui l'avoisine et qui vient y ven-
dre ses grains, ses bestiaux , et de
tout le Beaujolais et Lyonnais ,
qui viennent y trafiquer de leurs
vins , acheter du bétail , et se
pourvoir particulièrement de tous
les outils nécessaires à la culture ,

h.

dont ces foires sont toujours abondamment fournies. Neuville est placé dans le plus beau pays, environnée de communes riches, considérables, et peuplées d'une foule de maisons de campagnes, de granges, qu'elle pourvoit, et dont elle est pourvue réciproquement des objets commerciaux et des objets de consommation ordinaire : la Saône la sépare de la contrée la plus fertile et des plus beaux villages qui terminent la chaine du Mont-d'Or.

Extrait du Journal de l'Ain.

Page 28. (37) MONT-D'OR.

Le Mont-d'Or fait partie d'une chaine considérable de montagnes, qui s'étend depuis les environs du bourg de la Riverie jusqu'au bord de la Saône près de Couzon. Dans

cette chaîne , on distingue des
montagnes qui portent des noms
particuliers : les montagnes de
Riverie , ainsi nommées à cause
du nom de ce bourg , situé dans
le voisinage ; celles d'*Izeron* , qui
forment des appendices de la chaîne principale ; celles de S. Bonnet-
la-Froid , sur la cime desquelles
est bâti le village de ce nom ; enfin le Mont - d'Or , qui s'élève à
deux lieues de Lyon , et qui est
composé lui - même de plusieurs
monts adjacents qui ont leurs
noms particuliers. Toute cette
chaîne de montagnes offre un sol
très-cultivé, et couvert en grande
partie de vignobles dont les vins
sont abondans , mais peu estimés;
il faut en excepter la partie des

montagnes de S. Bonnet-le-Froid, dont le nom indique précisément une température peu propre à la maturité du raisin : elles sont en effet couvertes à leur cime d'une forêt qui a près de deux lieues de longueur. Cette chaîne offre encore dans son intérieur, une infinité de carrières et de mines précieuses dont la plupart sont exploitées.

Le Mont-d'Or qui forme le dernier point de cette chaîne, présente un groupe d'aspérités du centre desquelles partent (comme autant de rayons,) plusieurs ruisseaux au nombre de douze ou quinze, qui, en divergeant, ont assez profondément sillonné cette montagne.

S'il en faut croire quelques écrivains anciens, c'est à la quantité d'or que Licinius, gouverneur pour Auguste, dans cette partie de la Gaule, montra à cet empereur, lors de la visite qu'il lui fit sur cette montagne, qu'elle doit le nom de Mont-d'Or. D'autres disent que l'empereur *Probus* qui permit le premier aux Gaulois de faire planter la vigne, en fit planter sur cette montagne du Lyonnais, à laquelle se donna le nom de Mont-d'Or, en mémoire d'une montagne située dans la Paonie, lieu de sa naissance, appelée Mont-d'Or, et sur laquelle il venait aussi de faire planter la vigne; mais cette étymologie n'est qu'une conjecture.

Dor et *Dur* sont des noms celtiques que portent plusieurs villes, rivières et montagnes de France. En Auvergne s'élève un groupe considérable de montagnes, appelé Mont-d'Or ; en Champagne, il existe aussi un lieu nommé Mont-d'Or. Cette montagne a donné son nom à une ancienne maison qui possédait de grandes terres et qu'elle donna à l'église métropolitaine de Lyon et au monastère de l'Ile - Barbe ; ce qui lui mérita une distinction particulière de la part des moines qu'elle avait enrichis. Tous les ans, le jour de l'Ascension, celui qui était le chef de cette maison, avait le droit de venir à l'abbaye de l'Ile-Barbe, où on exposait parmi plu-

sieurs reliques un cor d'ivoire,
qui avait, dit-on, été donné par
un fameux paladin de cette même maison du Mont-d'Or ; il avait
aussi le droit de prendre deux poi-
gnées de l'argent offert en l'honneur des reliques, et de les dis-
tribuer lui-même aux pauvres.

Le Mont-d'Or produit abondamment du vin, qui n'est pas le
meilleur du pays, mais dont quelques cantons sont renommés ; le
sol y est très-soigneusement cultivé. L'on remarque, dit M. *Al-
léon Dulac*, que les hommes y
sont communément d'une taille et
d'une tournure plus avantageuse
qu'ailleurs ; l'on observe pareil-
lement que les femmes y ont plus
d'éclat et de fraicheur que dans

le reste de la province , ce qu'on
doit attribuer à l'air pur qu'on res-
pire dans ces montagnes.

Cette montagne et les nombreux
appendices qui l'environnent , ont
bien de quoi exercer la curiosité
des naturalistes par la variété des
productions minéralogiques qui
s'y rencontrent ; elle n'est pas
moins intéressante par les différentes carrières qu'on y exploite.

Dans les carrières on trouve
fréquemment des *stalactites* , et
dans le rocher une grande quantité de nœuds , que les ouvriers
nomment *pierres-à-feu ;* la plupart
de ces espèces de silex sont soli-
des, tandis que d'autres sont conca-
ves et présentent ce qu'on appelle
des *géodes* dont l'intérieur est ta-

pissé de *cristaux*, de *quartz* et de spath calcaire.

Extrait de la Description de la France, par Dulaure.

Page 30. (33) *Château de Neuville.*

Le Château et le Parc de Neuville, quoiqu'infiniment dégradés, quoiqu'en partie détruits, conservent encore des bois superbes, des allées magnifiques, des ruines antiques et remarquables et une étendue immense ; ils sont encore renfermés dans des murailles qui les entourent . dont l'origine prétendue a quelque chose de particulier qui mérite de n'être point passé sous silence.

Dans le temps où la féodalité donnait aux seigneurs suzerains à-peu-près les mêmes pouvoirs et la même autorité que la couronne et la souveraineté, un marquis ou

comte de Neuville, désira d'agrandir son parc et son domaine qui
étaient peu de chose alors : après
avoir parcouru toutes les terres
qui lui parurent convenables pour
accomplir son projet, il en fit as-
sembler tous les propriétaires, et
leur demanda quelle était la valeur
de leurs fonds. Cette question fut
faite sans autre demande préala-
ble et sans autre apparence que
de vouloir en connaître le prix ; ces
bonnes gens répondirent avec naï-
veté, et bien éloignés de l'idée
que pouvait avoir leur seigneur,
ils ne songèrent pas à faire la dif-
férence du prix ordinaire avec le
prix de convenance ; leur réponse
donnée, le seigneur les congédia,
et peu de jours après, usant de ses

droits , il fit payer à chacun le
montant de ce qu'ils avaient esti-
mé leurs terres et les fit clorre
telles qu'elles sont aujourd'hui ,
pour former ce parc dont on voit
encore de si beaux restes.

On voit encore les ruines d'une
pièce placée aujourd'hui au milieu
des champs ; mais qui devait se
trouver anciennement au milieu
des bois et des fontaines , et qui
porte encore le nom de salon des
échos, parce que , dans quelqu'endroit qu'on se place dans cette
salle et quelque bas que l'on parle,
en appuyant ses lèvres contre
l'un des murs , la personne placée
au mur opposé entend distincte-
ment ce qu'on vient de dire ; ce
salon conserve encore des faibles

marques de peinture à fresque qui
le décoraient , et qui sans doute
étaient les histoires fabuleuses des
amours et des métamorphoses de
la nymphe Echo. On y voit aussi
les restes d'un château fort , qui ,
dit-on , fut dévasté et détruit en
partie par les Sarrasins , dans leurs
dernières incursions dans la Gaule
Lyonnaise. Tous ces témoins
muets annoncent l'importance et
l'antiquité du château de Neuville ,
qui par lui-même est très-peu de
chose , comparativement au parc
qui l'environne , au luxe et à la
magnificence de la construction
et de l'architecture des châteaux
modernes.

On voit enfin dans ce parc une
source abondante et limpide qui

probablement le fertilisait autrefois , et fournissait des eaux au
château et à ses dépendances ; elle
porte le nom de *Fontaine Camille*,
sans doute parce qu'elle avait été
découverte ou conduite par Camille de Neuville , Archevêque
de Lyon et possesseur de ces do-
maines. Ce prélat que ses talens ,
ses connaissances , ses vertus
chrétiennes ont rendu à jamais
mémorable , n'a pas laissé ce seul
souvenir de sa bienfaisance ; Lyon,
Neuville , et les environs fourmillent d'institutions et d'établissemens utiles et religieux , qu'il a
formés et comblés de ses dons.

Extrait
des Lettres
à ma Fille,
par M. D.
V.e Vol. 1er.

Page 3o. (39) *Principauté de Dombes.*

La principauté de Dombes ainsi que la Bresse appartenait aux ducs de Savoie ; elle devint ensuite la propriété d'un des sires de Beaujeu, en vertu du traité de l'an 1377, passé entre le comte Verd de la maison de Savoie, et *Edouard II,* sire de Beaujeu. La *Dombes* était composée à cette époque des terres de *Lent,* de *Thoissey,* de *Brun* et de *Coligny,* et des fiefs et châteaux de *Chalamont,* de *Montmerle,* de *Villeneuve, Trévoux* et *Beauregard. Edouard II,* seigneur ambitieux, de mauvaise foi, violent et querelleur, n'avait obtenu ce traité avec le comte Verd que pour terminer une longue guerre entr'eux, et sous l'hommage exprès desdites terres, envers les comtes de Savoie. Au mépris de ce traité et de cette clause expresse, Edouard refusa dans la suite la foi et hommage qui lui avaient été imposés. Ce refus lui attira du nouveau la guerre avec l'héritier présomptif de Savoie, *Amédée-le-Rouge*, qui la fit pour son père. Il conquit *Beauregard*, assiégea *Thoissey* avant qu'*Edouard* fût en état de se défendre. *Edouard* obtint d'*Amédée* une trève d'un an, à la sollicitation des ducs de *Bourbon* et de *Bourgogne*. La trève expirée, *Amédée* reprit le cours de ses conquêtes, et *Edouard* allait être victime de sa mauvaise foi, lorsqu'un traité de paix, fait le

23 juin 1383 , mit fin aux hosti-
lités. En 1598 , un attentat com-
mis par *Edouard* eut des suites
bien plus funestes pour lui et fit
passer la principauté de *Dombes*
dans la maison de *Bourbon*. Il en-
leva à Villefranche la fille d'un
bourgeois , les parens portèrent
leurs plaintes au parlement , il fut
ajourné à comparaître à cette Cour.
Edouard qui était alors à son château du *Perreux* , toujours disposé
à suivre les premières impressions
de ses passions, sans en prévoir les
conséquences , reçut l'huissier qui
lui signifiait l'ajournement , et le
jeta par une fenêtre de son château. Le roi envoya des troupes qui
assiégèrent le sire de Beaujeu , le
prirent et le conduisirent en prison

à Paris. Il implora la protection
du duc de *Bourbon* ; ce duc qui
avait beaucoup d'autorité, lui promit de lui faire avoir sa grâce,
s'il lui cédait les terres de *Beau-*
jeu et de *Dombes*. *Edouard* y con-
sentit en cas qu'il n'eût point
d'enfans légitimes. L'acte de cession fut passé le 23 juin 1400,
Edouard fut élargi, mais le 11
août suivant, six semaines après
cette cession, il mourut et laissa
en paisible possession des terres
de *Dombes* et de *Beaujeu*, les ducs
de *Bourbon*, qui les conservèrent
jusques à la consfication des biens
du Connétable, où elles passèrent
dans la famille des ducs de Mon-
pensier en 1612. Un arrêt du conseil d'état en régla les limites.

En 1682 Mademoiselle de Montpensier héritière de cette maison,
en fit don à M. le duc *du Maine*.
Ce fut à cette époque que le roi
en se réservant la suzeraineté sur
cette souveraineté, accorda aux
princes de *Dombes* le pouvoir de
juger en dernier ressort, et défen-
dit au parlement de Paris de plus
comprendre le pays de *Dombes*
dans les rôles des provinces qui
ressortissent du Lyonnais, et autres qui ressortissent du parlement.
Enfin, ces terres passèrent après
la mort de M. le duc *du Maine* à
M. le prince d'*Eu*, enfant légiti-
mé, auquel succéda M. le duc
d'*Orléans*, pour une partie de ces
terres, qui, depuis la révolution,
ont été toutes réunies au dépar-

tement de l'Ain , dont elles font aujourd'hui une des parties les plus agréables.

Page 30. (40) *Le Beaujolais.*

Les plus savans historiens et géographes n'ont point encore positivement prononcé sur le nom que les Romains donnaient à cette petite province. On serait tenté de croire que ce peuple est celui désigné sous le nom de *Bajocasse*, dans la notice *des provinces de la Gaule*, le nom de Beaujolais ayant dit-on, la ressemblance la plus rapprochée avec cette nation connue sous le nom de *Bajocasses*, *Vadiocasses* ou *Badiocasses*; d'ailleurs, Beaujeu qui en a été la capitale , existait du temps des Romains. Quelques monumens an-

antiques qu'on y avait découverts
et qu'on y voyait il y a peu de
temps, en sont une preuve sûre;
de ce nombre est celui qu'on ad-
mirait sur la porte de la ville, et
qui, depuis quelques années, a
été transporté au Musée de Lyon.
c'est un bas relief antique, très-
précieux, en marbre blanc, re-
présentant des fêtes du paganisme.
Il ferait honneur, dit le P. Colonia,
à la capitale du monde ; il offre
un ancien sacrifice appelé par les
Latins, *Juove Taurilia* ; le prêtre,
revêtu des habits pontificaux, re-
présenté assis et tenant sur l'autel
une coupe où sont les entrailles
des victimes; on y voit des animaux destinés à ces sacrifices,
comme des taureaux, des pour-

ceaux et des brebis, dont quelques-unes sont déjà immolés.

Tous les cinq ans, dans le
champ de Mars, après que les cen-
seurs avaient fait le dénombrement
du temple, les Romains offraient
aux dieux de pareils sacrifices;
c'était ce qu'on appelait *lustrum
condere*, fermer le lustre, ou terminer la révolution de cinq ans.

Extrait de la Description de la France.

Page 32. (41) TRÉVOUX.

Trévoux domine et semble com-
mander au plus beau pays du
monde; lorsqu'on arrive sur la
promenade qu'on appelle la *ter-
rasse*, l'on se croit sur cette haute
montagne où Notre-Seigneur permit à Satan de le transporter, et
d'où il lui fit admirer toutes les
merveilles de l'univers, et lui en

M

promit la possession, s'il voulait se prosterner devant lui pour l'adorer.

Il est peu de villes en France d'où l'on aperçoive un sol plus fertile, des paysages plus beaux et plus variés ; les montagnes et les collines du Beaujolais, les plaines d'Anse et de Villefranche , et que l'on découvre presque vis-à-vis, offrent un spectacle ravissant et une étonnante fécondité ; ce n'est point cette fécondité nue ; ces vastes champs de blé qui se montrent dans plusieurs autres pays tout dépouillés de verdure, et dont l'aspect est aussi triste que monotone ; là le vert des feuillages se mêle à l'or des moissons, et Cérès s'y montre dans toute sa

parure; les vergers, les riantes
prairies sont protégés, embellis
par des haies touffues, et par des
arbres élevés qui représentent au
loin, ou des bosquets ou des allées de jardin.

Les bords de la Saône l'empor-
tent encore en richesses et sur-tout
en beautés; à chaque pas se trouvent des accidens pittoresques,
des sites magnifiques, et des loin-
tains délicieux; enfin tout ce pays
présente l'image d'une belle nature
qui conserve en tout temps toutes
les grâces et toute la vigueur de
la jeunesse.

Trévoux, a comme tous les
états, enfin subi une multitude de
révolutions depuis 1032, époque
à laquelle cette ville appartenait

aux sires de Villars. En 1200,
elle passa à Etienne, premier
seigneur de *Thoire*, par son maria-
ge avec la fille unique d'Etienne
II, sire de Villars. En 1402, après
avoir été successivement l'apanage
de plusieurs Cadets de la maison
de *Thoire*, elle fut vendue par
Humbert VII, à Louis, duc de
Bourbon, qui la joignit ainsi que
plusieurs autres terres, à celles
qu'il avait eues d'Edouard II, seigneur de Beaujeu, dont il forma
la souveraineté de Dombes. En
1431 elle fut prise par François
de la Palue, comte de Varambon,
chef de l'armée du duc de Savoie.
Elle rentra dans la suite au pouvoir dés Bourbons, et en 1696,
Louis-Auguste y transféra son

parlement, et y fit bâtir un palais de justice. Louis XV supprima le parlement, y établit une sénéchaussée qui ressortissait du conseil supérieur de Lyon; après le renversement duquel, par édit de janvier 1772, Trévoux et toute la principauté de Dombes furent réunis au ressort du parlement de Bourgogne. Enfin, depuis la suppression des parlemens, les orages de la révolution se sont fait ressentir à Trévoux comme ailleurs, mais lorsque l'ordre a été rétabli, et que l'organisation administrative et judiciaire a été achevée, il est devenu chef-lieu d'un arrondissement, et le siège d'une sous-préfecture et d'un tribunal de première instance.

M.

Page 52. (42 , 43) PARCIEU et BALMONT.

Rien n'est comparable à tous ces coteaux, à ces prairies, à ces bosquets délicieux, au milieu desquels se trouvent placés *Genay*, *Parcieu*, *Balmont*, *Reyrieu*, c'est absolument la vallée de l'antique Tempé. La lyre d'Orphée ne s'y fait pas entendre, le silence y règne ; mais l'imagination de l'observateur n'en devient que plus active ; la gaîté des villageois, leur teint vermeil annoncent la salubrité de l'air et la fertilité du sol qu'ils cultivent. Ces beaux lieux sont peuplés de châteaux brillans, de maisons superbes et de villages opulens.

Extrait des Lettres à mon Fille, par M. D. V.ᵉ Vol. inéd.

Page 32. (44) *Fortifications de
Trévoux.*

Trévoux était autrefois la capitale de la principauté de Dombes ;
on y voit encore quelques tours
dont on attribue la construction
aux Romains ; que cela soit ou
non, son ancienneté n'en est pas
moins certaine. Des restes d'antiquité, des médailles, des armes,
des ossemens, qu'on découvre à
chaque pas dans la plaine qui est
vis-à-vis de cette ville, et en creu-
sant dans les champs qui l'entourent
annoncent qu'elle fut autrefois le
théatre des guerres sanglantes et
meurtrières. L'histoire veut que
cette plaine dont je parle, ait été
le champ de bataille où l'empereur
Sévère battit Albin l'an 198. Un

historien moderne s'exprime ainsi ,
au sujet de ce combat qui fut le dernier entre ces deux compétiteurs.

« Le dernier combat fut san-
» glant , et l'histoire ne nous en
» offre pas de plus mémorable
» depuis la bataille d'*Actium*. Il
» s'agissait de la vie et de l'empire,
» et les légions de Bretagne vou-
» lurent égaler en valeur celles
» d'Illyrie : Sévère eut d'abord
» son cheval tué sous lui; mais
» Latus qui avait été immobile ,
» au commencement de l'action ,
» avec les troupes qu'il comman-
» dait , ayant pris l'armée en
» flanc, elle fut entièrement défai-
» te. Cette bataille se donna entre
» le Rhône et la Saône plus haut
» que Trévoux, *Trivultium*; ceux

» qui ont prétendu qn'elle fut don-
» neé dans la plaine du Mâconnais,
» près de Tournus, ont étécombat-
» tus avec succès. Le château de
« *Montriblou*, lieu où se fit le plus
» grand carnage, est appelé encore
» dans les anciens titres *Mons Ter-*
» *ribilis*, et plusieurs même ent cru
» que la province de Dombes a été
» ainsi nommée *à Tumbis*, des
» tombes des guerriers.»

Extrait
d'une
Dissertation
sur
l'antiquité
de la Bresse,
par M.
Delandine.

Page 34. (45) A N S E.

Cette ville était l'ancienne *Ansa*
ou *Anse Paulini*, dont parlent plusieurs géographes , et notamment
l'Itinéraire d'Antonin. L'empereur
Auguste y établit quatre cohortes et
lui donna à ce que l'on prétend le
nom d'*Antium* d'où on a fait *Ansa*,
Anse. C'est ce qu'on lit dans cer-

tains historiens, mais cette asser-
tion n'est pas assez déterminante
pour s'y soumettre ; il est constant
qu'aucun monument géographique
ne fait mention d'*Antium* et que
la position d'*Ansa* est incontesta-
blement indiquée dans l'endroit où
existe aujourd'hui *Anse*. D'ailleurs
si *Auguste* y eût fait bâtir un palais comme on le prétend, le nom
de cet empereur que tant de villes
des Gaules se sont glorifiées de
porter, aurait été joint à celui de
cette ville, comme c'était d'usage
alors ; mais au lieu du nom d'*Auguste*, on lit dans les monumens
les plus authentiques celui de
Paulinus qui fut sans doute le fondateur ou le restaurateur de ce
lieu. Il est plus vraisemblable

néanmoins qu'*Anse* ne doit son nom qu'à la sinuosité marquée en forme d'*Anse*, que fait en cet endroit le cours de la Saône.

Ce lieu connu du temps des Romains, a été encore célèbre par les nombreux conciles qui y ont été tenus ; on en compte six dans l'espace d'un siècle et demi qui ne sont guères relatifs qu'aux diverses prétentions élevées entre des prélats et des abbés, par rapport à leurs droits réciproques

La ville d'*Anse* est arrosée par la rivière d'Azergue qui se jette dans la Saône, ses environs sont charmans par la richesse et la variété des points de vue ; les coteaux qui s'élèvent à l'ouest présentent des vignobles et plusieurs

villages et châteaux. Au milieu
de la plaine serpente la Saône qui
par un vaste contour double les
beautés du paysage, et semble ne
s'approcher de la ville d'*Anse* que
pour en enrichir la vue et recevoir
les eaux de l''Azergue. Plusieurs
villages et maisons de campagne
bâtis de l'autre côté de la Saône,
et sur-tout la ville de Trévoux,
qui paraît en amphithéâtre contri-
bue beaucoup à embellir ce magnifique tableau ; c'est de la beauté
du pays qui se trouve le long de
la route de *Villefranche* à *Anse*
qu'est provenu le proverbe de *Ville-*
franche à Anse la plus belle lieue
de France.

Ce fut à *Anse* que *Tavannes,*
dans la résolution d'assiéger Lyon,

campa en 1662, avec une armée
composée de cinq mille hommes, et
augmentée de trois mille Italiens,
(soudoyés par le pape) qui étoient
venus de Bourgogne sous la conduite du comte d'*Anguiciola*, et
des quatre assassins de *Pierre-Louis
Farnèse*. Ce comte, sous le prétexte
qu'on payait mal ses troupes, dé-
campe et il ne reste dans le camp
que sept enseignes d'Italiens sous
les ordres de *Brancacio*.

Extrait
de la
Description
de la France.

Page 34. (46) VILLEFRANCHE.

Humbert III, fils d'Humbert II,
sire de Beaujeu, fonda vers la fin
du douzième siècle *Villefranche*.
Les guerres qu'il soutint contre le
seigneur de Bresse le détermine-
rent sans doute à bâtir une petite
ville qui pût servir en quelque

N

sorte de rempart contre ses enne-
mis. Dans cet endroit était un château nommé *la Minorette*, qui fut
dans la suite donné aux Cordeliers
de cette ville ; le fondateur y attira
des habitans en accordant des priviléges et des franchises à ceux qui
voudraient s'y établir, et de-là ce
lieu reçut le nom de *Villefranche*.

Edouard II , successeur d'E-
douard I, sire de Beaujeu, après
plusieurs démêlés qu'il eut avec
les habitans de *Villefranche*, aux
droits desquels il voulut attenter,
se vit obligé de confirmer les
franchises et priviléges dont ils
jouissaient depuis la fondation de
cette ville ; en conséquence le
22 décembre 1373, les officiers
d'Edouard et les principaux bour-

geois s'assemblèrent dans une
auberge à l'enseigne du mouton,
in domo albergiæ ad figuram muto-
nis, et travaillèrent ensemble à
la rédaction d'un nouveau code
des anciens droits des citoyens de
Villefranche, dont le titre porte
libertas et franchisia Villafranchæ
hæc est talis. J'en rapporterai
quelques articles qui caractérisent
les anciennes mœurs.

« Le premier article interdit
» au seigneur le droit de mettre
» les habitants à aucune contri-
» bution par aucune espéce de
» levée, d'exercer contre eux au-
» cune exaction ou autres vexa-
» tions, de quelque nature qu'elles
» soient, et de leur ravir ou
» *extorquer*, par violence ou autre-

» ment, ce qu'ils possèdent soit
» dans la ville soit au dehors. »

Il fallait que les habitans eussent
une étrange idée de la probité de
leur seigneur, on ne se servirait
pas d'autres expressions si l'on
traitait avec un brigand.

» Un bourgeois ne pouvait pas
» saisir pour dette le cheval d'un
» gentilhomme.

» La liberté promise à tous les
» criminels poursuivis, qui se
» retirait à Villefranche et y res-
» taient un an et un jour.

C'était peupler la ville de fri-
pons.

» Si une femme qui sert la
» débauche publique, ou une
» femme vouée à ce vil emploi, si
» un garçon prostitué ou une fille

» prostituée viennent à dire des
» injures à un bourgeois de *Ville-*
» *franche* ou à un de ses amis , il
» peut les frapper par un soufflet ,
» par un coup de poing ou par
» un coup de pied, sans encourir
» l'amende.

Cet article ne donne pas bonne idée des mœurs du pays ; il est singulier que dans une ville nouvellement fondée et qui devait alors être très-peu peuplée , il soit question de prostituées et surtout de prostitués des deux sexes.

» Les adultères étaient condam-
» nés à faire une course dans la
» ville tout nus , ou à s'en racheter
» à la discrétion du seigneur.

» Aucun débiteur ne pouvait

» être arrêté pendant les foires
» et marchés de Villefranche.

Ce privilége a été confirmé par
lettres-patentes d'Henri IV , du
23 janvier 1602.

» Les Juifs ni les usuriers
» Italiens ne doivent demeurer à
» Villefranche, et les joueurs de
» cornemuse ne doivent point y
» jouer, à moins que le seigneur
» et les bourgeois n'y consentent.

Un autre article bien singulier
est celui qui permet à chaque
habitant de battre sa femme tant
qu'il voudra, et qui lui assure
l'impunité de ces mauvais traitemens, pourvu que la mort ne s'en
suive pas.

» Si un bourgeois frappe sa
» femme ou qu'il la batte , le

» seignour ne doit point écouter la
» plainte, ni pour cela demander
» ou percevoir une amende, à
» moins que la femme ne meure
» des coups qu'elle aura reçus. »

Villefranche a produit deux hommes qui suffiraient pour l'illustrer, (dit le P. Colonia), le père *Fradin* de l'ordre de saint-François, et Jean-Baptiste *Morin*, célèbre astrologue.

Le père Fradin vint à Paris en 1478, y prêcha hautement contre les vices ; il attaqua sur-tout les filles publiques et les courtisans. Ces derniers ne se convertirent point et firent chasser du royaume le courageux prédicateur ; voici ce qu'en raconte *Jean de Troye* dans la chronique scandaleuse.

« En ladite année 1478, vint
» à Paris un cordelier, natif de
» Villefranche, pour y prescher et
» illec blasmer les vices dont les
» créatures étoient entachées, et
» par ses paroles y eut plusieurs
» femmes qui s'étoient données
» aux plaisances des hommes, et
» autres péchés qui se retrayrent,
» et aucunes d'icelles se mirent
» en religion en délaissant leurs
» plaisances et voluptés, où par
» avant s'y étoient démenées,
» et si blasma tous les états, et si
» prescha de la justice, du gouver-
» nement, du royaume, des prin-
» ces, des seigneurs, et que le
» roi était mal servi, qu'il avait
» autour de lui des serviteurs qui
» lui étaient traîtres, et que s'il

» ne les mettaient dehors , qu'ils
» le détruirait et le royaume aussi.

   » Desquelles choses en vinrent
» nouvelle au roi pourquoi, ordon-
» na qu'on lui défendît de prêcher,
» et pour cette cause vint à Paris
» maistre *Olivier le Dain*, barbier
» du roi, pour lui défendre de
» prescher, qui lui fut interdit ;
» ce qui fut à la grande déplai-
» sance de plusieurs hommes et
» femmes qui fort s'étoient rendus
» enclins à le suivre. »

Jean-Baptiste Morin doit aux
prestiges de son imagination, et
à la sottise des grands de son
siècle, plus de célébrité que frère
Fradin n'en avait obtenu par sa
courageuse et barbare éloquence.

Il naquit à *Villefranche* en 1583, et après avoir fait de bonnes études et voyagé en Hongrie, il s'adonna tout entier à l'étude de *l'astrologie judiciaire.* Ses travaux dans cette science absurde lui valurent l'estime et la faveur de plusieurs illustres de son temps. Le cardinal de *Richelieu* le consulta comme un oracle, et le cardinal *de Mazarin* fut si content de ses horoscopes qu'il lui fit une pension de deux mille livres, après lui avoir accordé la chaire de mathématiques au collège royal. *Chavigny*, secrétaire d'état, ne faisait rien sans auparavant consulter Morin. Cet astrologue fit plusieurs prédictions dont quelques-unes furent à-peu-près accomplies ; mais il en fit un grand nombre dans lesquelles le hasard le servit moins heureusement, et qui prouvèrent également la vanité du prophète et celle de la science. Il prédit la mort de *Gustave-Adolphe* et ne se trompa, dit-on, que de peu de jours : il pronostiqua, à dix heures près, le moment de celle du Cardinal de Richelieu. On raconte qu'ayant vu *Cinq-Mars*, il dit en l'envisageant : *cet homme aura la tête tranchée ;* mais il fit dans la suite de si grandes bévues que ses prophéties ne firent plus fortune.

Page 35 (47) RIOTIER.

Riotier est le port où la diligence débarque les voyageurs qui veulent aller à Villefranche. Ils trouvent sur le bord de la rivière, lorsqu'ils l'ont traversée, une carriole qui se rend exactement tous les jours à l'heure où arrive la barque, et qui pour très-peu de chose conduit les personnes et leurs effets à la ville, qui est à une petite demi-lieue.

Page 37. (48) BEAUREGARD.

Après une multitude de guerres qui eurent lieu entre les sires de Thoire et de Villars, souverains de la Dombes, et les sires de Beaujeu, *Guichard*, surnommé le grand, l'un de ces derniers, et Édouard V son fils, après avoir forcé les seigneurs de Villars et de Thoire à leur prêter foi et hommage, firent plusieurs acquisitions dans la Dombes dont ils

firent une province; et la capitale
fut Beauregard, qu'ils bâtirent à
cet endroit pour que cette ville
fût plus proche de Villefranche,
alors capitale du Beaujolais, et la
demeure des seigneurs de Beaujeu.
Beauregard ayant été ruiné dans
les suites par les guerres des ducs
de Savoie, c'est apparemment à
cette époque que Trévoux devint
la capitale de la Dombes.

Page 38. (49) MONTMERLE.

S'il en faut croire la tradition
du pays, l'étymologie de Montmerle, ou pour mieux dire, l'origine de ce nom vient d'un petit
bois qui entourait l'ancien château
où venaient nicher beaucoup de
merles, d'où fut donné à cet endroit
le surnom du Mont-du-merle, au-

tour duquel furent bâtis quelques
maisons. Dans les suites une compagnie de pêcheurs et mariniers,
ayant fait bâtir au bas de ce mont,
un peu dans la plaine, une chapelle
en l'honneur du saint Nicolas leur
patron, on édifia quelques maisons
tout auprès de cette nouvelle
église. Successivement celles de la
montagne furent abandonnées, et
la plaine se peupla. C'est ainsi,
assure-t-on que s'est formé le bourg
de Montmerle ou se tient an-
nuellement au huit de septembre
une foire considérable ; elle attire
beaucoup d'étrangers ; mais plus
particulièrement des marchands
de Lyon, et de toutes les villes
circonvoisines qui bordent la Saône
et même de l'intérieur : cette foire
dure au moins huit jours francs.

Le château de Montmerle est, comme tous ceux des villes qui composaient la principauté de Dombes, la demeure des anciens souverains de cette province. Cette souveraineté ayant passé successivement des sires de Beaujeu à la maison de Bourbon, ensuite à Louise de Savoie, mère de François I, puis aux descendans de ce roi, et enfin aux ducs de Montpensier, ceux-ci par générosité ou dévotion, cédèrent ce château à des moines du tiers-ordre de saint-François qui y établirent un couvent, lequel a subsisté jusques à l'époque de la révolution, où il subit le sort de tous les autres couvents. Depuis lors ce château a été considérablement dégradé, et il n'est habité que par des misérables qui s'y logent, parce que ce local isolé est moins cher que ceux du bourg.

Page 41. (50) BELLEVILLE.

Belleville est situé sur la rivière de *l'Ardière*, à un quart de lieue de la rive gauche de la Saône, à une demi-lieue de la grande route de Paris à Lyon, à trois lieues de Beaujeu, à la même distance de Villefranche, et à neuf lieues de Lyon.

Plusieurs écrivains croient que ce lieu est l'ancienne *Lunna*, que l'Itinéraire d'Antonin place entre *Anse* et *Mâcon*, et que la table théodosienne appelle *Ludna*.

M. d'Anville a même été de cette opinion; mais dans la *notice*

de la Gaule, il revient sur son
sentiment et pense que Belleville
est trop près d'Anse et trop loin
de Mâcon, pour répondre à l'égalité de distance que marque entre
ces deux positions, l'itinéraire
d'Antonin; il croit que cette égalité
se trouverait mieux vers les limites communes du Mâconnais et
du Beaujolais; cependant il avoue
que suivant la table théodosienne,
Belleville convient mieux que tout
autre lieu à *Lunna*. La seconde
opinion de ce savant géographe
ne me semble pas assez bien fondée
à cet égard pour que je l'adopte,
et plusieurs raisons qu'il serait
trop long de détailler ici, me portent à croire que l'ancienne ville
de *Lunna* était bâtie à l'endroit

ou dans le voisinage de Belleville.

Le premier monument historique depuis la monarchie, qui fasse mention de cette ville, est l'acte de la fondation de l'église de Notre-Dame en 1159, faite par *Humbert* II, sire de Beaujeu, qui y plaça des chanoines réguliers de l'ordre de saint Augustin. Vingt ans après, en 1179, l'église dont la construction ne fut sans doute achevée qu'à cette époque, fut consacrée par Guichard, archevêque de Lyon, assisté d'Etienne, évêque de Mâcon. Cette église est d'une belle construction gothique, on y voyait dans l'intérieur les tombeaux de plusieurs sires de Beaujeu.

Le tombeau de *Guichard* V, qui était aussi celui de plusieurs

de ses aieux, était le plus ancien.
Ce seigneur qui confirma les priviléges de cette ville, fut le dernier
sire de Beaujeu de sa maison, remplacée par celle du Forez; il
mourut connétable de France, le
9 mai 1265. *Guichard* V suivant
une chronique du pays, *fut fort
plaint et regretté de toutes manières de gens; car ce fut en son
temps ung sage prince et de bonne
conduite, par quoi ce fut une moult
grand perte tant pour le royaume
que pour son pays et ses parens.*
Louis de Forez, premier sire de
Beaujeu, de la seconde race, avait
aussi son tombeau dans cette
église : il mourut le 25 août 1290.

Guillaume VI, surnommé le
Grand, fils du successeur de

Louis, fit pendant sa jeunesse
ériger son tombeau dans cette église. Après s'être distingué dans
plusieurs batailles, il mourut à
Paris, le 18 septembre 1331 ; son
corps fut transporté à Belleville
et inhumé dans son tombeau, portant cette épitaphe en vers léonins
où on lui fait des complimens
dignes de son siècle.

Ter milleno primo,
Ter quoque deno,
Princeps Guichardus,
Leo corde, gigas, leopardus.
Audax bellator,
Et nobilitatis amator,
Nunquam devictus
Bello ; pro militid ictus,
Vincitur à morte,
Cœli pateant portæ.

C'est-à-dire : « L'an 1331, le
» prince Guichard, qui eut le

» cœur d'un lion, d'un géant,
» d'un léopard ; guerrier auda-
» cieux et noble, qui toujours
» vainqueur au milieu des com-
» bats, fut vaincu par la mort ;
» que les portes du ciel lui soient
» ouvertes. »

Edouard I, fils de *Guichard-le-Grand*, sire de Beaujeu, fut aussi enterré dans cette église ; il était fort dévot à la Vierge Marie, dit une vieille chronique, il mena quantité de gentilshommes au voyage d'outre-mer, à ses propres coûts et dépens, et batailla long-temps contre ceux qui tenaient la loi de Mahomet. Il devint maré-chal de France, et fut tué à Ardes, en une bataille contre les Anglais, le 3 mai 1351.

Humbert II, fils et successeur
du dévot Guichard III , suivant
les usages de son temps , s'em-
parait des biens des moines , pil-
lait les églises , et volait les
marchands et les pelerins sur les
chemins. *Pierre - le - Vénérable* ,
abbé de Cluni , qui avait souffert
des brigandages du haut baron ,
le sermona , le convertit , et lui
inspira un repentir si vif , qu'il
abjura ses désordres passés , se
croisa, partit pour la terre sainte,
et quoiqu'il fût marié à une femme encore jeune , il résolut de l'oublier pour jamais , en s'engageant
dans des vœux monastiques, et en
entrant dans l'ordre des Templiers.
La femme, sans l'aveu de laquelle
il avait fait cette pieuse extrava-

gance, le réclama vivement et
obtint la cassation de ses vœux;
mais on lui imposa, pour expier le
coupable excès de son zèle, la
condition qu'il ferait quelques fondations ecclésiatiques ; en conséquence il fonda l'église de Belleville, et telle est l'origine de cette
fondation.

Belleville n'était encore qu'un
village, avec un monastère à la
mort de Guichard IV son successeur. Humbert IV, connétable de
France, et le premier gouverneur
du Languedoc pour le roi, y attira
un grand nombre d'habitans en
accordant à ce lieu des privilèges
et des franchises. Son fils et son
successeur Guichard V, aussi
connétable de France, confirma en

1253, ces privilèges par une charte qu'il fit souscrire par vingt chevaliers.

Belleville, peuplée et augmentée par la protection de ces divers seigneurs, acquit bientôt une consistance que son heureuse situation aurait pu rendre plus considérable, si le voisinage de Lyon, ville qui attire pour ainsi dire à elle toute la substance des villes environnantes, ne s'y fût constamment opposé.

Les guerres de religion et plusieurs autres évènemens ont contribué à dépeupler cette ville et à la réduire à un simple bourg dont l'habitation est charmante, l'air pur et les environs très-agréables.

Page 42. (51) T H O I S S E Y.

Thoissey, par sa situation, par son ancienneté, par ses établissemens, l'emporte sur toutes les autres villes de l'ancienne principauté de Dombes.

Il fut bâti environ l'an 1300, par Guichard V, sire de Beaujeu, surnommé le grand; ce prince y fit construire un château fort, entièrement détruit aujourd'hui, et qui résista long-temps aux guerres avec les rois de Bourgogne, et les comtes et ducs de Savoie, par lesquels il fut plusieurs fois assiégé.

Guichard accorda de très-beaux privilèges à Thoissey, et fonda en 1310, la chapelle de sainte Marie-Magdelaine, présentement la paroisse de cette ville.

La position de Thoissey contri-

bua dans ies suites beaucoup à
son accroissement.

A deux portées de fusil de la
rivière, dans une plaine fertile et
riante, coupée par une multitude
de routes agréables, bordées
d'épaisses haies, tracées au milieu
de vertes prairies qu'arrose la
Chalaronne, qui se divise en mille
canaux pour les féconder, séparée
par la Saône seulement de la
partie du Beaujolais et du Mâconnais, la plus abondante en vins
exquis et renommés, Thoissey
devrait fleurir par son commerce
autant que par sa culture; mais
soit l'esprit ou le génie de ses habitans qui y répugne, soit sa situation trop rapprochée de Mâcon ou
trop peu éloignée de Lyon, il n'y
en a d'aucun genre ; quelques
marchés considérables, qui se tien-
nent le vendredi, y attirent quelques denrées, des œufs, du beurre

et de la volaille , des campagnes
voisines ; ces denrées sont l'objet
d'une petite spéculation de quelques pourvoyeurs qui les enlèvent
pour en approvisionner les marchés
de Lyon.

Page 45. (52) PONTDEVEYLE.

Pontdeveyle est une petite ville
agréablement située au milieu
d'une plaine dont le sol est fertile
et la culture soignée. Les dehors
en sont gracieux et arrosés par la
Veyle, qui fait le tour de la cité.
Le château de la . . . . . . autrefois l'habitation des comtes de
Pontdeveyle , est aujourd'hui la
propriété de M. Tardi ; il est parfaitement conservé , et les jardins
en sont jolis. Ils font suite pour
ainsi dire aux promenades publiques , et l'indulgence du propriétaire fait qu'ils servent au même
usage à tous les citoyens.

F I N.

TABLE.

I

www.ingramcontent.com/pod-product-compliance
Lightning Source LLC
Chambersburg PA
CBHW072053080426

42733CB00010B/2099